大相撲の道具ばなし

坂本俊夫 著
SAKAMOTO Toshio

現代書館

はじめに

この本は大相撲の興行に欠かせない道具の本です。

といっても、書名に「道具ばなし」とあるように、大相撲の道具について解説した事典というより、大相撲で使われる道具の由来や、それにまつわる話の本です。

もっとも、「廻《まわ》しや軍配ならわかるが、目次をみると、国技館なども含まれていて、あれが道具か」と思う人もいるでしょう。

舞台用語に大道具、小道具というのがあり、役者が着用するもの、手に取って使えるものを小道具、建物や背景など、役者が手に取らないものを大道具というようです。

これと同じように考えれば、あるいは、こじつければ、国技館は大道具ということもできます。寛大にとらえてください。相撲錦絵などは、「道具ですらないのでは」という人もいるかもしれませんが、そこはさらに寛大にお願いします。

そういう大雑把《おおざっぱ》にとらえた大相撲の道具について、今は使われていない道具も含め、江戸時代から今日までの出来事、逸話などを、道具の解説もしつつ、盛り込みました。

学者や大相撲史家の論文、研究書ではありませんので、厳密な検証、研究の上に成り立ったものではなく、「こんな理由で使われるようになったようです」「こんな話もあるんです」「昔の人はこんなふうに言っています」といったふうな読み物ですが、道具を介して、それが生まれた背景、大相撲の歴史の一端、大相撲のおもしろさが、少しばかりお伝えできるものになったのではと思っています。

大相撲の道具ばなし　目次

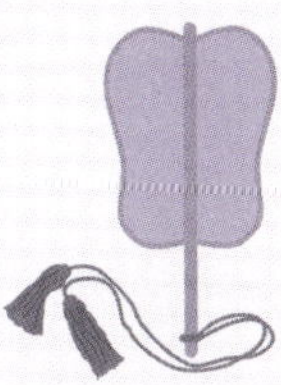

第二章 行司・呼出・床山の身のまわり

第三章 土俵とそのまわり……89

第一章

力士の身のまわり

廻し――グルグル腰にまわすから廻し

力士が相撲を取るのにまず必要なのが廻《まわ》し。腰と股間に巻いてある褌《みつ》のことです。「褌」という字は「ふんどし」と読むのですが、相撲の世界では「みつ」と呼び、廻しの別称。相撲はこれだけあれば、勝負ができます。実にシンプルなスポーツです。一方、これがないと、裸ですから、技が限られてしまいますし、人前で披露することもできません。

フンドシといっても、時代劇に出てくる侍や町人が締めているフンドシとは違い、かなりしっかりした布でできているのは、テレビで見ていてもわかります。激しい取組となっても切れることはない。

江戸時代後期の考証随筆家・喜多村筠亭《いんてい》は、『嬉遊笑覧《きゆうしょうらん》』の中で、相撲のフンドシを廻しというのは、幾重にもまわすからだ、と説明しています。江戸末期の文久元年（一八六一）生まれで、相撲通として知られた、『萬朝《よろずちょう》報《ほう》』記者・三木愛花も、『曽我物語』の「手綱二筋を四重に廻し」から出たという説があるが、単純に腰へまわすものだからと考えていいだろうと言っています（『江戸時代の角力』一九二八年）。グルグル腰にまわすから廻し。わかりやすいですね。

実際、どのようにグルグルまわして廻しを締めるのでしょうか。公益財団法人日本相撲協会（以下、相撲協会）のホームページにある締め方*を参考に、簡単に流れを説明してみます。

廻しの大きさは幅約八〇センチ、長さは力士によって異なります。これを四つ折りにする。ビールびんでゴシゴシと押して折るといいようです。

次に四つ折りにしたものを手助けする人（関取の場合、付け人が手伝います）に持ってもらい、先のほうを二つ折りに戻し、それに続く部分を八つ折りにします。つまり、先端から順に二つ折り、八つ折り、四つ折りという形になります。二つ折りの部分が前を隠す前袋《まえぶくろ》になり、八つ折りの部分がお尻の割れ目を隠す立褌《たてみつ》となります。

で、二つ折りの部分が前に、八つ折りの部分が後ろになるように廻しをま

＊日本相撲協会公式HPの「相撲いろは」の「まわしの締め方」参照。

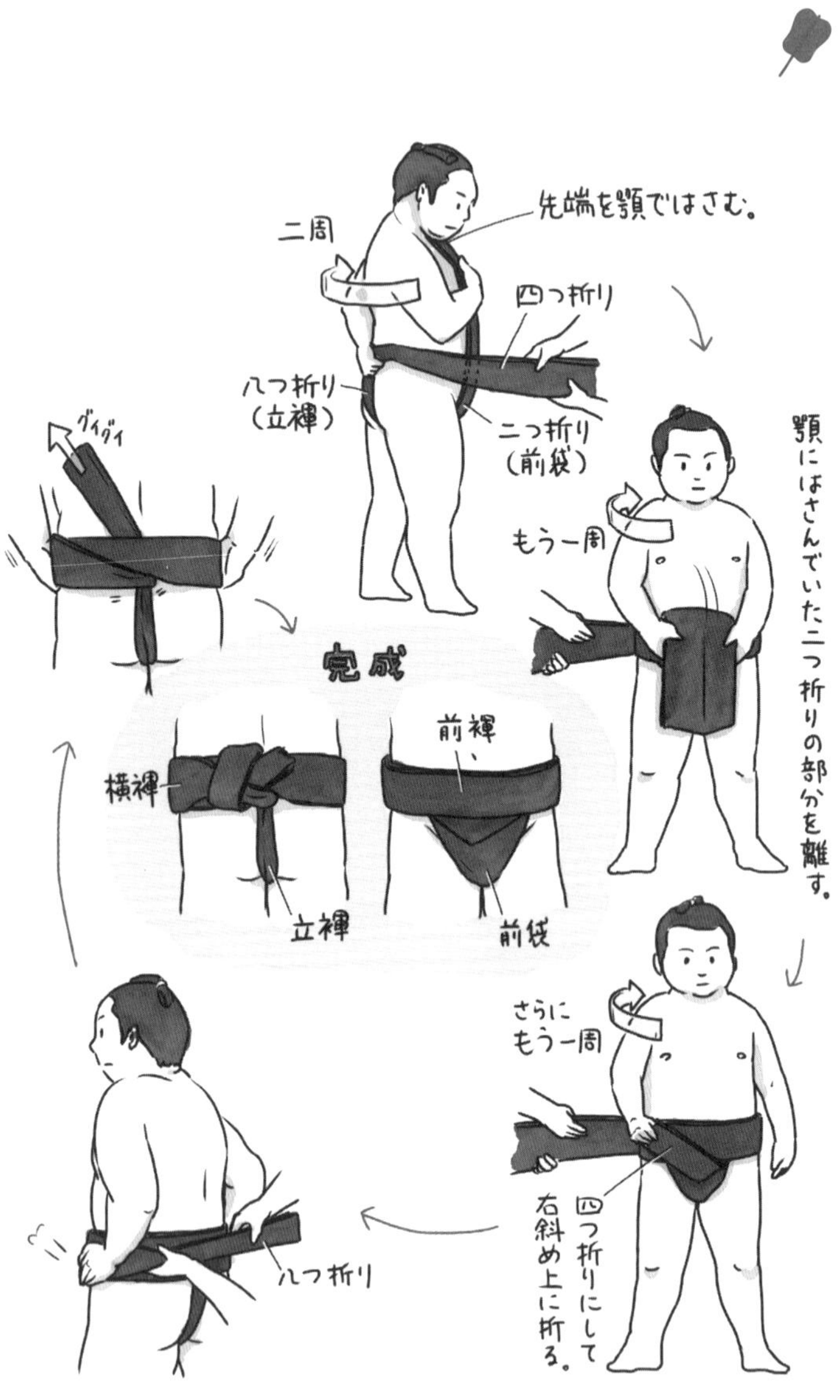

先端を顎ではさむ。
二周
四つ折り
八つ折り
（立褌）
二つ折り
（前袋）
顎にはさんでいた二つ折りの部分を離す。
もう一周
グイグイ
完成
前褌
横褌
立褌
前袋
さらに
もう一周
四つ折りにして
右斜め上に折る。
八つ折り

たぎ、二つ折りの部分の先を自分の顎《あご》ではさんで、片方の手を後ろにまわし、八つ折りの部分を腰のあたりでしっかり持ち、本人と手助けする人が協力してグルグルと二周まわす。そして、顎にはさんでいた二つ折りの部分を離す。するとダラッと前に下がります。そうしたらその上からもう一周。次に、下がっている二つ折りの部分を四つ折りにして、右斜め上に折り、その上からさらにもう一周してから、手助けする人が、余っている部分を八つ折りにし、グルグル巻いた廻しの後ろの腰のあたりの内側、つまり、力士の腰の部分と廻しの間に下から通し、これをグイグイと締め、最後に腰の部分で結んで終わり。計四周。大変です。しかも、長いし、重い。いずれにしても一人ではできません。

よくできた締め方で、帯などを使い慣れていた日本人ならではのものかもしれません。グルグル巻いた前の部分を前褌《まえみつ》、横を横褌《よこみつ》といいます。

現在の力士が使っている廻しは、稽古廻し、締込《しめこみ》、化粧廻しの三つ。今、説明した廻しの締め方は、稽古廻しと締込の締め方です。いずれも、その下には何もはきません。相撲協会の「力士規定」の第二条には「理由なくして締込の下に、下帯を使用することができない」とあります。締込とありますが、稽古廻しも同様です。この下帯とはフンドシのことです。

稽古廻し——幕下以下は本場所でも使う

稽古廻しは、文字通り稽古のときに使うもの。ただし、十枚目（十両）以上の力士（関取といいます）は稽古のときだけで、本場所では締込を使いますが、その下の幕下以下の力士は、本場所の取組でも稽古廻しを使います。ちなみに、力士のランクは、上から横綱、大関、関脇、小結、前頭（ここまでが幕内）、十枚目、幕下、三段目、序二段、序ノ口です。三段目は番付表の上から三段目に、序二段は下から二段目に名前が出るということで、そう呼ばれています。

稽古廻しは雲斎《うんさい》木綿でつくられています。その昔、作州《さくしゅう》（岡山県北東部）

津山の雲斎という人がつくったといわれる木綿の厚い布で、足袋の底などにも使われる丈夫なものです。関取の稽古廻しは白、幕下の力士は黒か紺。

廻しは洗わず、汚れを取って干すのが基本ですが、稽古廻しは毎日稽古で使うわけですから、汗や土でかなり汚れます。すごく汚れます。それで、相撲部屋によっては、洗剤を使ってデッキブラシでゴシゴシというところもめるようです。きれいにして使っていると聞くと、他人事ですが、潔癖症でなくても、何となくホッとします。

ただ、稽古廻しは日々使っているため、ボロボロになって、六カ月くらいで使えなくなるそうです。* 使えなくなったら、新しいのを買う。高砂《たかさご》部屋（親方は元大関の朝潮《あさしお》）のホームページには、「幅が46cmで100m巻きで相撲協会の事務所で切り売りで売ってくれる。（ただし協会員のみの販売）若い衆用の黒マワシはm800円、関取用の白マワシはm950円である。普通、稽古マワシは4周するので個人差はあるが、6〜8mくらいの長さである」とあります。切り売りしているのです。黒廻しの場合、六メートルだとすると、

＊北尾光司『しゃべるぞ！』徳間書店

年二回として六×八〇〇×二で九六〇〇円。税込か税別かわかりませんが、月一〇〇〇円以下の費用。案外安い。

締込――はずれたら負け

十枚目以上の力士が本場所で使う廻しを締込といいます。通称、取り廻し。「ぎゅっと力をこめてしめあげるため、締込みという」(古川智恵子、中田明美「衣の系譜に関する研究」)という説があります。これまたわかりやすい。

生地は博多織の繻子《しゅす》。博多織は堅い絹織物で、着物の帯などに使われている丈夫なものです。色は、力士によって赤やピンクや緑、銀色などいろいろ。こちらは洗いません。稽古廻しほどは汚れませんが、それでも、使ったままではよくない。濡らしたタオルなどで汚れを取って、干しています。

この締込、後援会から贈られたりして、自分専用のものとして使います。他人の汗などがしみ付いたものはあまり使いたくないものです。いくらきれいに洗っても、人のパンツなど、はきたくないですが、まして洗濯しない締込。タダでやるからといわれても遠慮したいところです。しかし、ジョージア出身の栃ノ心《とちのしん》は、そのへんを超越しています。親方（春日野《かすがの》親方、元栃乃和歌《とちのわか》）の締込を使っているそうです。しかも、最初譲り受けたものはボロボロになったので、今は「二代目」とか。*

こういうことはほかにもあったようで、昭和十五年（一九四〇）に出た『相撲道綜鑑』に、相撲評論家の彦山光三が、師匠の締込を師匠の弟弟子が使い、それをもらって自分が使い、さらに自分の弟弟子に譲って、四代も締めつづけた事実談もあると書いています。だれのことかはわからないですが、いずれにしても、そんな話があるということは、締込がそれだけ頑丈にできている証でもあります。

さて、この締込、いくら丈夫にできていても、きちんと締めておかないとはずれることもあるのです。取組の最中にはずれたら、反則負け。相撲協会の「勝負規定」の第十六条には「前褌がはずれ落ちた場合は、負けである」

＊「日刊スポーツ・コム」2016年1月16日

とあります。だから力士はしっかりと廻しを締めるのですが、人間のやることですから、いつも完璧とはいかない。はずれるハプニングも過去にありました。

昭和二十年代から三十年代に活躍した出羽錦《でわにしき》（田子ノ浦忠雄）は、二度目撃したと書き残しています。一度は明瀬川《あきせがわ》（昭和十年代から二十年代に活躍）。長い相撲になって前袋が落ちた。「あわてた明瀬川関は、大事な場所をさらけ出しては失礼とばかり、土俵上に坐りこんでしまった」*そうです。

二度目は出羽錦が三段目で、駿河海《するがうみ》（戦前に活躍）の付け人をしていたときです。駿河海の前袋が落ち、「さすが物おじしない駿河海関も、うろたえて前袋をとろうとしたが、気がせいているのでかえってとれず、恥ずかしさのため顔面をまっ赤にして、両手でおさえて土俵下にとびおりた」とか。そりゃ恥ずかしいでしょう。そして、翌日から女性の観客がぐっと増えたという伝説があったそうです。

ほかにもあります。二例を、新聞記事をもとに紹介します。

*『土俵の砂が知っている』一水社

大正六年（一九一七）五月十三日の十両の男嶌《おとこじま》と幕下の友《とも》の山《やま》の取組で、男嶌の廻しがはずれました。翌日の読売新聞は「男の前袋外れ相撲法度にて男の敗」と書いています。「男」は男嶌。当日は日曜日で大入り満員の大盛況だったとありますから、男嶌の気持ち、察して余りあります。もっとも、十両の下位のほうの取組ですから、まだ満員にはなっていなかったかもしれません。

出羽錦が目撃した場合も、男嶌の場合も、当時はテレビ中継などなかったからまだよかった。平成の時代、テレビ中継中にはずれることもありました。

平成十二年（二〇〇〇）、奇しくも男嶌と同じ五月十三日、三段目の千代白鵬《ちよはくほう》と朝ノ霧《あさのきり》戦。朝ノ霧の前袋がはずれてしまいました。その経緯は「千代白鵬と四〔よ〕つに組み合ううちにまわしがゆるんで下半身が露出」（十四日の『読売新聞』）とのこと。毎日新聞によれば、朝ノ霧は前褌をおさえながら相撲を取っていたそうです。「少しやせたのでまわしの後ろを切ったら、前袋のほうの端がほつれて短くなって」というのが本人の弁（十四日の『朝日新聞』）。

午後一時頃の取組だったので、国技館のお客はまだ少なかったでしょうが、テレビで全国中継されていました。

対戦途中で廻しがゆるみ、行司がそれに気付けば、相撲を止めて、締めることがあります。これを「廻し待った」といいます。たまにあることですが、こういうこともありました。昭和四十九年（一九七四）の三月場所、輪《わ》島《じま》と高見山《たかみやま》の対戦。取組途中で輪島の廻しがゆるみました。それを見た立《たて》行司《ぎょうじ》の式守伊之助が「待った」をかけ、動きを止め、輪島の廻しを締め直しました。その際、「高見山がとった

右上手まわしが、一重から二重と深くなった」のです。勝負は高見山の勝ち。「待った」をかけた場合、そのときの状態に戻さなければならないのですが、違っていたわけです。当時の春日野理事長が「行司と審判委員のミス」と断じました。確かに行司の見落としではありますが、行司にとってはいい迷惑。「しっかり締めておけよ」と思ったかもしれません。

また、平成二十六年（二〇一四）の初場所には、佐田《さだ》の富士《ふじ》と時天空《ときてんくう》の一番で佐田の富士の廻しがゆるんでしまい、すかさず行司の木村晃之助が「待った」。晃之助が締め直し、再開。ところがまたゆるんだ。再び「待った」。二度も中断するのは珍しいですが、晃之助が一所懸命締め直しているとき、控えの力士、嘉風《よしかぜ》が土俵に上がって手伝おうとした。どうやら、審判委員に、「お前、手伝ってこい」と言われたようです。晃之助はそれを毅然と断った。「関取に手伝っていただくことはできない。私は進行係だから」**とのことでした。

「廻し待った」は、行司が待ったをかけて相撲を止めるので、「行司待った」

＊『読売新聞』1974年3月18日
＊＊「サンスポ・コム」2014年1月16日

（正式には「待った」）ともいいます。廻しがゆるんだとき以外に、両力士の呼吸が合わずに立ち上がったときや、取組中にどちらかの力士がケガをしたとき、あるいは相撲が長引いて水入り*にする場合に、行司が行います。

ところが、二十七代木村庄之助さん、それ以外で「行司待った」をかけたことがあります。といっても、戦前のことで、この庄之助さん、十一歳で行司の世界に入り、初土俵のときに問題の「行司待った」をやったのです。行司としての初土俵ですから、さばく相撲は新弟子の取組。この相撲が長引いた。本人は初めてなので緊張していますし、最下位の行司は、足袋をはけないので、当然裸足。それで、小便をもよおして、我慢できなくなった。新弟子の二人は頑張っていて、というより、「もたもた」していて、相撲はなかなか終わりそうにない。限界寸前で「待った」と声をかけ、トイレに走ったそうです。

二人の新弟子、戸惑ったでしょうね。突然、「行司待った」ですから。「相手の廻しがゆるんだか、はずれたかしたのかな。それともオレのほうかな。

＊相撲が長引いて両力士に疲れが見えたとき、勝負を一度中断して、一休みすること。

オレの廻しがゆるんでいたらどうしよう。ひょっとしたら見えているのでは」なんて思ったかもしれません。

庄之助さんは無事用を足して、戻ってから、「ハッキヨーイ、残った」と相撲を再開させました。兄弟子は「土俵を離れるとは、何事だ」と激怒したそうですが、観客は大笑い。当時の横綱玉錦《たまにしき》は、庄之助さんを呼び出して、「なかなかいい度胸をしている。あのくらいの機転が利かなくてはいい行司にはなれないぞ。しっかりやれ」と言葉をかけ、小遣いをくれたそうです。

今はこんなことはできないでしょう。

廻しの歴史――華美になった江戸時代の締込

廻しのことを「犢鼻褌」ともいいます。「とくびこん」「たふさき」「たふさぎ」などと読みます。

寛政三年（一七九一）の上覧相撲を見た、幕臣で儒学者の成島峰雄は、「犢

＊27代木村庄之助『ハッケヨイ残った』東京新聞出版局

鼻褌はまわし」と呼んでいると、そして、「東の大關小野川、たふさきの上に横綱といへるものかけたり」と記しています（『相撲私記』）。「たふさき」（犢鼻褌）、つまり廻しの上に横綱を巻いていたというのです。小野川《おのがわ》は江戸時代の名力士。横綱が位を表すようになったのは明治四十二年（一九〇九）で、それまでは大関が最高位。この「横綱」は位ではなく、綱《つな》のことです。小野川は横綱を締めて土俵入りする免許が与えられていました。上覧相撲というのは、将軍が臨席して行う相撲で、寛政三年の相撲は、十一代将軍徳川家斉のもとで行われました。

歌人の木下幸文《きのしたたかふみ》も文政五年（一八二二）の『亮々草紙《さやさやそうし》』で「犢鼻の尻の上にて結ばれたる所を、みつといふは」と書いていて、廻しのことを犢鼻といっています。

ここでちょっと相撲の歴史に触れておきます。現在の相撲になる前の相撲の歴史を大きく分けると、江戸時代の勧進相撲と、それ以前の相撲節《すまいのせち》があります。相撲節は奈良時代から平安時代末まで宮中で行われたものです。一方、勧進相撲は、寺社が寄付を募るために行う相撲。寺社奉行の許可を得て行われていました。

相撲節のときは、どのような廻しを使っていたのでしょうか。宝暦年間（一七五一～一七六四）の『古今相撲大全』には、昔は犢鼻褌といって、下帯を隠す袴を着けていたが、この犢鼻褌は朝廷の相撲の際に賜るものなので、江戸時代の勧進相撲ではこれは使わないとしています。これによると、相撲節の時代は、今の廻しと違い、袴のようなもので相撲を取っていて、これを犢鼻褌といっていたということになります。

劇評家の金沢康隆の『江戸服飾史』によれば、なぜ犢鼻褌というかというと、犢鼻の「犢」は子牛のことで、人の膝は両側にくぼみがあり、子牛の鼻のような形だからであり、犢鼻褌は膝まで届く猿股（短いももひき）のようなものだといいます。したがって「日本人の考えるフンドシの様式を現わしてはいない」とのこと。

別の説もあります。締めた股間のところが子牛の鼻に似ているから犢鼻褌というのだというものです。一般的には犢鼻褌といえばこちらを指すようです。

実際はどちらが正しいか。民俗学者の宮本常一によれば、フンドシは司馬遷の『史記』に出ていて、三尺（約九〇センチ）ほどの布でつくり、その形は牛の鼻のようなものと書いてあるそうです。膝まで届くからという説より、締めた股間の形が似ているからという説が有力なのでしょうか。

この犢鼻褌について熱心に考えたのが三木愛花。彼は、平安時代後期に大江匡房が書いた有職故実書《ゆうそくこじつしょ》『江家次第《ごうけしだい》』に「犢鼻褌がとけたときは、桜樹の下で繕う」とあり、もし猿股のようなものなら、とけたとはいわず、脱げるなどというはずだし、また、猿股で相撲では、敵の体を捕えるのに握るところがなく、力が入らない。だから、相撲節の時代に犢鼻褌といったのは、ただ文字を借りただけで、実際は今の廻しのようなものだろうと考えています。

前出の彦山光三も、『古今相撲大全』によると、相撲節では犢鼻褌といって、今日の猿股のようなものをはいていたというが、これは誤りで、「信頼すべき節會相撲時代の繪巻物を見ると、やはり今日の褌《まわし》のやうなものを締めている」としています。

相撲節の時代の犢鼻褌は、実際はフンドシ、廻しのことだったとするのがいいようです。そして『相撲私記』や『亮々草紙』にあるように、犢鼻褌は廻しの別称として使われてきたのです。

さて、この廻し、江戸以前の古い絵を見ると、力士は今の廻しほどがっちりしたものではなく、六尺褌をちょっと立派にしたようなものを締めて戦っています。あれでは、切れたり、ほどけたりしてしまうのではと心配してしまいます。実際、『江家次第』にあるように、ほどけることがけっこうあったのではないでしょうか。

この廻しの素材について、『嬉遊笑覧』には「元亀・天正の頃迄も、相撲とるに用ひしは麻布にて、白或いは茜染を、三重又は二重にも結びとぞ」とあります。元亀・天正というのは織田信長や豊臣秀吉が活躍した時代。この頃は麻だったようです。それが江戸時代に入って、麻のほか緞子《どんす》（絹織物）

を使うようになりました。そして、相撲が人気となり、大名家に召し抱えられるようになった力士たちの廻しは、だんだん豪華になっていきます。

天明五年（一七八五）の『相撲今昔物語』（子明山人）には、元禄（一六八八〜一七〇四）、正徳（一七一一〜一七一六）の頃、相撲が大いに行われ、拝領の下帯は金銀にあかせ、その華美は人を驚かすほどで、これを「世に紀州下帯と称するなり」と書かれています。元禄の頃、紀州徳川家がお抱えの力士に豪華な廻しを与えたので、そういう廻しを「紀州下帯」というようになったのです。下帯はフンドシのことですが、廻しと同意に使われていました。

現在の力士の廻しは、色はいろいろでも華美とは無縁のものですが、江戸時代はかなり派手だったようです。元禄よりもう少し前、慶安（一六四八〜一六五二）の頃からその傾向がありました。「相撲取りの下帯は絹はだめ、布木綿にするように」といった触れが出ています。禁令が出たということは、実際は絹の廻しをみんな使っていたということです。そして元禄になるにつれて、相撲人気が高まり、各大名の後ろ盾もあり、廻しが豪華になっていったのです。

華美になるとともに形も少しずつ変化していきます。まず生地の端を股間が隠れるくらい垂らした廻しになります。短いヒラヒラした前掛けを垂らしているみたいです。これにいろいろな模様を施しました（『相撲之圖式』）。ただ、立派な化粧廻しを見ているわれわれからすると、「化粧廻しにしたいけれど、お金がないから、これくらいにしました」といった感じで、なんとなく情けない印象を受けます。

その後、短い前掛けが立派になっていき、独立。宝暦年間（一七五一〜一七六四）の末頃、土俵入り専用の化粧廻しができました。当初は、膝のところまでしかありませんでしたが、それが安永年間（一七七二〜一七八一）の頃から現在のように足首の

『相撲之圖式』より

ところまである化粧廻しとなりました。

また、ヒラヒラをなくしてから明治の初めの頃まで、締込の先を、横糸を抜いてほぐして、二〇センチくらい垂らしていました。今の下がりの前身です。しかし、取組中、これが手に絡んだりして危ない。それで明治の中頃から、すぐにはずれる下がりにしたのです。

化粧廻し――後援会などから贈られる

化粧廻しは、十枚目以上の力士が土俵入りの際に着ける立派な前掛けのようなものです。博多織や西陣織（つづれ織）でつくられていて、六〜七キロとけっこう重い。長さ七メートル、幅七〇センチほどで、これを六つ折りにして、腰に三重に巻く。最後の一メートルくらいは折らずに前に垂らすようにし、この前に垂らした部分は金襴《きんらん》の裏地となっていて、前面には刺繍でいろいろな模様が施されています。この模様は出身校だったり、企業のキャラクターだったりと様々。土俵入りのとき、これを眺めるのも楽しい。力士の後援会などから贈られます。化粧廻しをして土俵に上がる際は、白いさらしのフンドシを着けています。

大正時代に活躍した太刀光《たちひかり》が大関になったとき、後援会が贈った化粧廻しには二十二金が五五二匁《もんめ》（二〇七〇グラム）も使われていたと前出の『相撲道綜鑑』に書かれています。単純に比べられないでしょうが、平成二十八年（二〇一六）のある時点の相場は、二十二金が五五二匁だと約八〇〇〇万円。このほか、有名な職

人がつくればそれだけ高くなりますし、費用は贈る側の財力次第といったところです。

　横綱になると、化粧廻しは三つ必要になります。土俵入りのとき、太刀持ちと露払いを伴うのですが、この二人の分も必要で、三本一組で「三《み》つ揃《ぞろ》い」といっています。

　化粧廻しの下のところは短い暖簾《のれん》のようになっていて、これが馬簾《ばれん》。この馬簾に紫色が使えるのは、横綱と大関のみです。

　化粧廻しについて、天保七年（一八三六）の『大相撲評判記』（好花堂野亭）ではこんなことをいっています。化粧廻しに「化粧」という文字をあてるのは過ちで、「潔装褌」が正しいと。なんで力士が芸妓や歌舞伎役者のように化粧をするのかというので

す。そして、「なぜ『けしょうまわし』というのかというと、ある相撲好きの大名が、お抱えの関取が揃いの廻しをしめて大勢出てきたのを見て、大変満足して、『見事なる力士ども潔装褌能々揃ふたり』といったのを、身分の高い人の言葉なので、いつの間にかいい習わされたのであり、それを『化粧褌』などと書くのは笑うべきことだ」と主張しています。

男度一〇〇％の相撲の世界に「化粧」なんていう言葉を使うのに、好花堂野亭は我慢ならなかったのかもしれません。

相撲の世界には化粧紙《けしょうがみ》、化粧水《けしょうみず》というものもあり、「化粧」という言葉は、化粧廻しのほかにも使われています。それぞれ力紙、力水の別称なのですが、なぜ「化粧」なのかについて、彦山光三は、力士の「心・気を化粧するからである」といいます。女性の化粧とはいささか異なっていて、精神的な化粧を意味し、「粧《よそお》ひ化する」というより、洗い、磨いて本来の自分、素質を顕現させるためと彦山は考えます。

彦山は、化粧紙と化粧水の「化粧」について語っているのであり、化粧廻しの「化粧」については触れていません。化粧紙、化粧水には、ひょっとしたらそのような意味があるのかもしれませんが、化粧廻しは今もけっこう華美です。彦山の「洗い、磨く」というより、「粧ひ化する」に近いように思えますが。後述しますが、江戸時代の横綱の鬼勝象之助《おにかつぞうのすけ》は顔に白粉《おしろい》をつけて土俵に上がっています（四五頁参照）。これは明らかに「粧ひ化する」です。江戸時代、相撲は人気興行の一つでした。力士はスターです。そうすると、けっこう外見も気にするようになり、廻しに「化粧」をするようになったのではないでしょうか。それで化粧廻し。勝手な想像ですが、その言葉が、顔をぬぐう力紙などにも使われるようになった、ということかもしれません。

下がり――折れたら修理して使う

力士は前褌の部分に細い縄暖簾のようなものを下げています。これが下がり。下がっているから下がりというのでしょうか。取り外しができるようになっていますが、前述のように、これは明治になってからのことです。本数は、一三、一五、一七本……と奇数。陰陽道《おんみょうどう》で奇数は陽で縁起がいいということで、縁起を担いでいるからです。

勝負師はけっこうこういう縁起類を気にするようで、江戸時代の狂歌師で戯作者の大田南畝《おおたなんぽ》（別号、蜀山人《しょくさんじん》）は『仮名世説』に、自分が若い頃、目の当たりにした光景として、谷風《たにかぜ》梶之助《かじのすけ》の逸話を書き残しています。

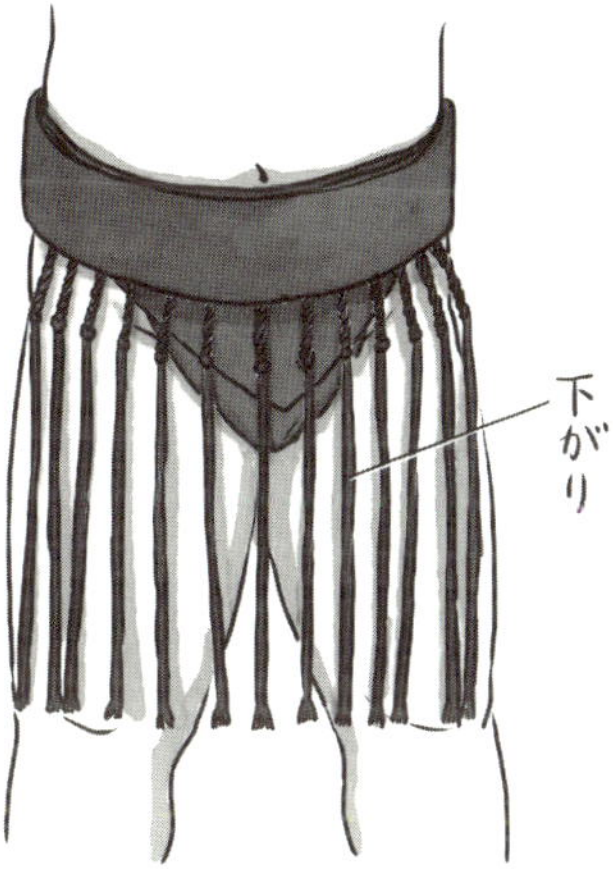

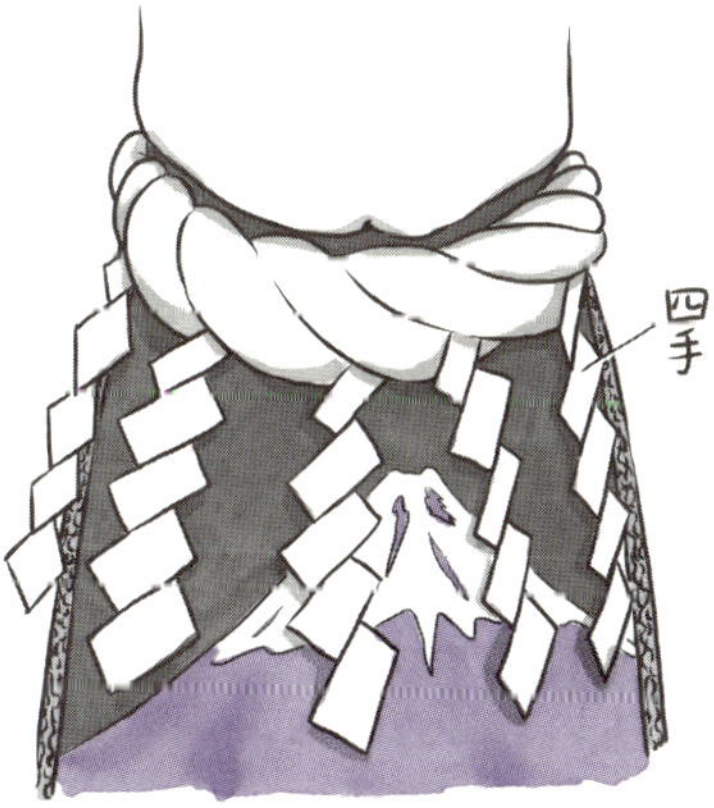

南畝が若い頃というと、四代横綱である二代目谷風です。その谷風が供を連れて日本橋本船町を通ったとき、鰹《かつお》を買おうとし、値段が高かったので、供の者にまけろと言わせて行こうとした。すると、魚屋が呼び止めて、関取がまけるというのは忌むべきことだと言った。谷風、これを聞いて、引き返して、買え買えと供に買わせたというのです。南畝は、「何も谷風がまけるわけではない。魚屋のほうをまけさせるのだから、忌むべきことではない」としています。谷風にしてみれば、とにかく「まける」という言葉が、縁起が悪いと思ったのでしょう。

さて、下がりは取組で折れ曲がることもあるので、場所に入るときは予備も一本用意しておきます。これを入れるのが下がり入れ。厚紙を三つ折りにし、番付の紙を何枚も重ねてつくります。

下がりには、もともと土俵上で前を隠すという意味があったようですが、土俵で蹲踞《そんきょ》したり、仕切ったりするとき、両手で左右に分けますし（これを「下がりをさばく」といいます）、相撲が始まったら、よくとれてしまいます。だから、前を隠すといった実用的な意味はないですね。

とれて土俵に落ちると、行司がすばやくとってポイと土俵の外に投げますが、それまでは、力士が落ちた下がりの上に足を乗せ、ひっくりかえらないかと心配で、落ち着いて見ていられないときもあります。それにしても、行司は相撲の流れを見つつ、下がりを処分するのですから、なかなかたいしたものです。力士が自分で拾うと負けになります。そんな余裕はないでしょうが。

この下がり、実用的な意味はなくても、一説によると、重要な役目を担っています。「相撲道の礼儀作法から、儀礼的に陰部を隠すのであるが、横綱の四手〔しで〕と同じ意味を持つ」と前出の古川さんと中田さんは書いています。その意味というのは、「魔除け」だというのです。横綱は土俵入りで、太い横綱を締めていますが、これには白くて四角い紙をつないだようなものが五つぶら下がっています（三三頁イラスト参照）。これが四手《しで》で、四手も下がりも邪気払いのためのものとのことです。下がりの前身の取り外しのできない二〇センチほどのもののときから、そういう意味が込められていたのか、それとも後付けなのかはわかりません。

ともかく、深い意味が込められている下がりは、締込と同じ絹糸でつくられています。締込を注文すると、二セットついてくるそうです。本場所や巡業で使うと折れたりしてしまうので、下がりはりを行います。修理です。下がりを釘《くぎ》で板に打ちつけ、クシを通して溶かしたふのりをつけます。そして形を整え、板に張りつけ、二、三日乾かして、先をはさみで切って長さを揃えて完了です。

幕下以下の下がりは木綿の丸い紐《ひも》。ふのりで固めることもしていません。だから、いつもフラフラとゆれています。

衣装・履物——ランクで異なる

力士の普段着といえるのが浴衣《ゆかた》。部屋にいるときはジャージなども着ているようですが、外出のときは浴衣姿です。

よく見ると、ほかの力士のしこ名が染め抜かれているものが多い。おさがりなのかと思ってしまいますが、そうではなく、暑中見舞いの挨拶や昇進、引退などのとき、しこ名の入った生地を力士同士で配ったり、関係者に配ったりしているのです。もらったほうは、自分の体に合わせて、浴衣に仕立てて着るというわけです。

いろんな力士からもらってたまる人もいるのか、小遣い稼ぎをしようというのか、ネットオークションにしこ名の入った生地がけっこう出品されています。

この浴衣、使い古すと、泥着として使われます。稽古のあとや巡業先で、汗や砂で汚れたままの体にはおるためのものです。古いものなら、汚れても気になりません。自分の浴衣の古くなったものを泥着にするのですが、おさがりの浴衣を泥着にすることもあります。横綱の鶴竜《かくりゅう》は、大関に昇進したとき、モンゴルの先輩、旭鷲山《きょくしゅうざん》からもらった浴衣を泥着としておろしたそうです。* 旭鷲山の浴衣を使い、一層稽古に励み、横綱を目指そうという気持ちだったのでしょう。

浴衣はランクの上下関係なく、力士はみんな着ていますが、それ以外はランクによって着られるものが決まっています。

たとえば、帯。幕下になる前は縮緬《ちりめん》。幕下になって絹の博多帯にかわります。冬の外出に着る外套も幕下になってから。ただ羽織は三段目になったら着られます。

履物は、三段目から雪駄がはけ、それまでは素足に下駄です。幕下になってようやく足袋がはける。

雪駄もそうですが、力士はだいたいふつうの人より足が大きい。しかも、力士によって特徴があるそうです。長年力士の足袋をつくってきた宮内実太郎さんは、「足袋からみた名力士」** で、力士の足は「幅が広くて肉が厚くて、そして親指が太ければ、がんばりがきく」といい、双葉山《ふたばやま》は十三文（三一・二センチ）あり、幅が広く、かかとはがっちりで、親指は大きく、照國《てるくに》は変

*「日刊スポーツ・コム」2014年3月24日
**『大相撲こぼればなし』（文化出版局）に収録。

形型で、足の丈は十文三分（二四・七センチ）とそんなに大きくない（というより小さい）が、幅は十六文（三八・四センチ）、横綱になるだけの足をしていたと、出世した力士たちの足の思い出を語っています。大鵬《たいほう》は最後まで、寸法をとるたび足が少しずつ伸びていたそうです。

「稽古をすればするほど、足は発達するんですよ。だから稽古をしない人の足と、稽古をした人の足では全然違います」（同上）

出世した力士の手形はよく見ますが、足形をとっておき、範とするようにしたらどうでしょう。

明け荷——締込、化粧廻しなどが入った専用カバン

力士が使う大きな行李《こうり》です。十枚目以上、つまり関取が持つことができる大きな四角の入れ物。初土俵が同じ本場所の力士同士を同期生といい、その同期の中から関取が出ると、つまり、十枚目に上がると、同期の力士がお金を出し合って明け荷を贈る習慣があります。

竹で編んだもので、そこに和紙を貼り、さらに渋*や漆が塗ってあり、表面にはしこ名が大きく書かれています。大きさは、縦四五センチ、横八〇センチ、高さ三〇センチ。この中に、締込や化粧廻し、布団などが入っています。以前は、本場所などのとき、付け人が関取の明け荷を肩に担いで国技館などに運んでいたのですが、今は、業者が各部屋から回収して運んで、場所中は仕度部屋にずっと置いてあるそうです。巡業の際も欠かせないもので、旅行カバンのような役目をします。横綱は荷物が多いので、三つ持っています。また、関取のものより小ぶりですが、行司も十枚目以上になると持つことが

＊防腐や補強に使われる柿渋。

できます。

この明け荷、何も相撲取り専用のものだったわけではありません。江戸時代から一般に使われていました。馬の背の両側に一つずつつけて運ぶのです。日本人は工夫するのが好きですから、ふつうの行李をもっと頑丈にと、つくったのかもしれません。明け荷馬といったものもありました。これは嫁入りのとき、馬の背の両側に嫁入り道具を収めた明け荷をつけ、その上に布団を敷き、花嫁が乗るというものです。

力士が明け荷を使うようになったのは、明治になってからといわれていました。明治初期の両國梶之助《りょうごくかじのすけ》が化粧廻しなどを入れるために使ったのが最初ということでしたが、相撲史研究家の池田雅雄氏が昭和三十七年（一九六二）に、文政四年（一八二一）に入幕し

◉行司 式守伊之助 豊国
付け人が明け荷を担ぐ。

た越ノ戸浜之助《こしのとはまのすけ》の山形の生家で、彼が使った明け荷を発見し、江戸時代から使われていたことがわかりました。

ただ、江戸時代に、力士みんなが明け荷を使っていたということに関しては疑問視されています。相撲錦絵には力士の明け荷の絵はなく、荷物は風呂敷で運んでいたようだからです。明け荷自体は一般の人も使っていたわけですから、中には使う力士がいたということなのでしょう。また、行司が付け人に明け荷を背負わせている錦絵はあります。

では、明治になって力士が揃って使うようになったのはなぜか。「明荷自体の重さや大きさなど、持ち運びや場所を取ること、さらに晴天興行の時代は支度部屋に屋根があったとしても保管に無理がある。化粧廻しや身の回りのものを風呂敷に入れて持ち込む方が合理的である。〔中略〕現在のように支度部屋に明荷を持ち込むようになるのは雨天興行ができるようになった明治後期の国技館完成以降の習慣であろう」*という説があります。

*村田邦男「境川浪右衛門使用の明荷について」

場所布団・控え座布団

——控え座布団は関取になってから

幕内力士の明け荷には布団が二種類入っています。場所布団と控え座布団です。

場所布団は、仕度部屋で座る布団。仕度部屋というのは、正式名称は「力士控え室」で、締込をつけ、自分の取組の番がくるのを待ったり、取組が終わって、身支度を整えたりするところです。ここではテレビでよく見る優勝決定直後の力士へのインタビューや、優勝力士と関係者の記念撮影、三賞受賞者の撮影なども行われます。

力士は自分の番が来るまで、ここで場所布団に座って待ちます。もっとも、じっと座っているのではなく、四股《しこ》を踏んだり、体をほぐしたりする力士もいます。

控え座布団は、土俵溜まり*で自分の番を待っている間、座る布団です。十枚目以上の力士しか使えません。十枚目の力士が座るのは相撲協会が用意した座布団なのですが、幕内力士は自分専用の座布団に座れます。付け人が土俵下まで運んで、それを呼出が受け取って、土俵溜まりまで持っていき、前の力士の座布団と交換しているのです。呼出は忙しいですね。

汗かき――竹製の汚れ落とし

稽古では汗と土で体が汚れます。タオルなどでぬぐってもいいですが、もっと便利なものがあります。それが汗かき。竹べらともいいます。

節と節の間が四五センチ以上、幅一・五センチくらいの竹をU字形に曲げ

＊土俵下の審判委員や控えの力士が座るところ。

て、両端を持って、カーブしたところを肌にあてて、ゴシゴシと汗と土をかき落とすという、いたって簡単な道具です。

タオルなどよりも気持ちいいらしいのですが、現在はあまり使われていないようです。いつ頃から使われているのか、だれが考えたのか、わかりません。

相撲櫛——江戸時代にさした力士がいたが、その理由は……

今の力士は頭に櫛などさして相撲は取りませんが、江戸時代にはさした時期があり、その櫛を相撲櫛《すもうぐし》といいます。

戯作者の山東京伝《さんとうきょうでん》の『近世奇跡考』に、『古今相撲大全』にある話として、元禄の頃、初代両國梶之助がこれをさしはじめ、前髪がある力士の間に流行り、鬼勝象之助は顔に白粉を塗って、二枚櫛をさしたと紹介しています。で、

なぜ櫛をさしたかというと、その頃、「前づけ」という手をとるのが流行って、それを拙いこととして、そのような手は、自分はとらない証としたというのです。「前づけ」というのは、相手の胸に頭をつけたり、潜り込んだりする戦法です。小さな力士が大きな力士と戦うときにやります。前髪に櫛をさしていたら、それができません。櫛で相手に傷をつけてしまいますから。だから、自分はそんな取り方はしないよという意思表示だというわけです。

これに異を唱えるのが、前出の彦山光三。両国は六尺二寸（約一八八センチ）、鬼勝は七尺三寸（二二一センチ）で、ともに大男。相手のほうが小さいわけですから、「前づけ」などできないというのです。二メートル以上の曙《あけぼの》が、頭を思いっきり下げて、一七一センチの舞《まい》の海《うみ》の懐に入り込もうとする光景を考えると、彦山光三の論も一理あります。

ではなぜ両国たちは櫛をさしたか。彦山は、背が高いから、相手から前づけで攻められたら、苦戦する。だから、しないでくれ。君たちも櫛をさせば、そんな体勢で相手に傷を負わせるわけにいかないだろうという、「皮肉か、風刺か、暗黙の抗議のためではなかったか」と想像しています。

江戸研究家の三田村鳶魚《みたむらえんぎょ》は、元禄期、あるいはその前に刊行されたと考えられる『相撲之圖式』にある力士の髪形の絵から、前髪がある力士だけが櫛をさしたわけではないとして、当時流行した「前づけ」という手を嫌って、自分はきれいな相撲を取るという印として櫛をさしたという説は頷《うなず》けるといっています（『三田村鳶魚全集』）。山東京伝説です。

一方、『嬉遊笑覧』では、両国の場合、髪が乱れやすく、櫛をさしたままのほうが便利なのでそうしたが、ただ、女々しいので、ほかの力士に広まったという話は聞かない。だから、流行ったという話は疑問だとし、鬼勝が「二枚櫛をさし、白粉《おしろい》をつけしなどは、たゞ戯れ事」であり、大男の化粧は「うとましかるべし」といいます。たしかに、鬼勝がどんな顔だったかはわ

●『相撲之圖式』より一部拡大

かりませんが、二メートルを超える巨漢が顔に白粉を塗って、前髪に櫛までさして土俵に上がったら、ちょっと不気味ではないでしょうか。
松尾芭蕉の門下で、彦根井伊家の家臣、直江木導《もくどう》に次の句があります。

さし櫛の蒔絵うつくし相撲取

蒔絵《まきえ》というのは漆を塗った上に金銀粉などで絵模様を描いたもの。単に髪をまとめるためだけでなく、櫛を華美にしていたようです。

相撲膏——力士が愛用した膏薬

相撲膏《すもうこう》は、打撲、ねんざなどに使われた膏薬、「浅井万金膏《あざいまんきんこう》」で、力士がよく使っていたのでこういわれました。これは、今の愛知県一宮市浅井町の接骨医、森林平が開発、売り出したもので、文化年間（一八〇四〜一八一八）

あたりから広く利用されるようになったようです。森家は代々相撲好きで、力士を無料で治療したので、ケガをした力士は森さんのところに泊まり込んで治療に専念しました。そんなことで、「浅井万金膏」が力士の間に定着し、相撲膏といわれるようになったのでしょう。黒い薬が和紙に塗ってあり、それを患部に貼って使いました。今の湿布です。相撲や演芸に詳しかった小島貞二によれば、「ハガキをタテに二枚続けたほどの大きさの紙の黒い膏薬で、体温で患部に張りついたが、あとがいつまでも取れず、衣類を汚す欠点が残った」（『力士雷電』）というものでした。『相撲大事典』によると、黒い部分が肌着などから透けるので、使われなくなったとのこと。また、平成までつくられていましたが、今はつくられていないようです。

「浅井万金膏」には開発秘話、というより伝説があります。あるとき、森林平が、池に降りた鶴が足の骨を折っていたので、治してやった。そのお礼に鶴が池の中から妙薬を持ってきたというものです。* 鶴の恩返しです。

芥川龍之介の文章に、この相撲膏が出てきます。「追憶」の中で相撲の思

＊毛島益雄『名古屋百人物評論』日本電報通信社名古屋市局

い出を書いていて、荒岩《あらいわ》や国見山《くにみやま》、逆鉾《さかほこ》など、錦絵に近い男ぶりの優れた力士が贔屓《ひいき》だったとし、にもかかわらず、力士は反感に近いものを自分に与えやすかったといいます。その理由を「僕が人並みよりも体の弱かった為かも知れない。又平生見かける相撲〔力士のこと〕が――髪を藁〔わら〕束ねにした褌かつぎが相撲膏を貼っていた為かも知れない」と書いています。

褌担ぎというのは、序ノ口、序二段の力士のことで、関取の明け荷を担いでいたのでこう呼ばれています。稽古であちこち痛めることが多く、褌担ぎには相撲膏が欠かせなかったのかもしれませんが、芥川龍之介は、これを見て、なぜか力士に反感を覚えたようです。

三遊亭円朝の落語「名人長二」にも「相撲行司で、相撲膏を売る式守伊之

助」というくだりがあります。初代伊之助は行司を引退してから相撲膏販売をしていました。もっとも、伊之助が販売していた相撲膏は、「浅井万金膏薬」とは別の、「相撲赤膏薬」というもののようです。

いずれにしても、力士にとっては、この相撲膏が欠かせないほど打撲などは日常茶飯事。それくらい稽古で鍛えているから、土俵の上ではよほどのことでない限り、痛そうな顔はしません。いちいち痛がっていたら相撲になりませんから。日頃の鍛錬の賜物です。

そういえば、肥前国平戸の殿様、松浦清（号、静山）が、文政四年（一八二一）から書きはじめた『甲子夜話《かっしやわ》』にこんな話が出ています。

力士二十一人が芝居小屋で芝居見物をしていたところ、何かの理由で芝居小屋の人と口論、ケンカとなり、欄干《らんかん》を壊すなどして暴れたので、見物人は散り散りに逃げ出し、そのためにケガ人も出ました。それで、六人の力士が町奉行所に出頭。その仲間も牢に入れられ、首謀者は一〇〇叩き（鞭＊で引っ叩かれる刑）の上、江戸から追放、十三人は五〇叩きの上、町から追放と決

＊竹片を麻の糸で包み、さらに、こよりを巻いたもの。

りました。

刑を聞いた力士たちは、牢屋の中で相談。「ふつうの人は叩かれると痛くて泣き叫び、そのため獄吏は少しゆるくしてくれると聞く。しかし、おれたちは力士だ。どれほどの鞭を受けても、少しも醜態を見せてはならないぞ」と誓い合いました。彼らはバシバシと叩かれ、皮膚がやぶれ、血が出るほどの者もいましたが、グッと我慢。一人も声を上げることなく、刑を受けました。さすが力士、常人とは違うと、人々はほめ合ったとのことです。

一〇〇回も叩かれると、自分の足では帰れない状態になるそうです。それくらい激しく打たれても我慢した。本当に「さすが力士」。

また、同じ『甲子夜話』に、「戸田川という力士が、人とケンカし、裸で褌を締めて闘って、たとえ棒などで頭や背中を打たれても、これまで痛みを覚えたことがない。ただ刃物は別で、だから武士だけは恐れる」と語ったとあります。ぶん殴られても屁でもないように鍛えているわけですが、刃物に対しては鍛えようがないので、仕方ないですね。

第二章

行司・呼出・床山の身のまわり

行司装束

——幕下以下の行司は裸足

行司は相撲の勝負をさばく人。勝敗を決める競技には、レフェリーのような人が必要で、相撲でも相撲節の時代からいました。『古今相撲大全』には「往古朝廷に相撲行はせられける時は、立合せと號し、地下の官人是をつとむ」とあります。「地下《じげ》の官人」というのは、宮中の下級の官人。この人がさばいていて、それを「立合せ」といったのです。今の行司の前身みたいなものです。

その行司の装束は、直垂《ひたたれ》に烏帽子《えぼし》。ただ、

このようになったのは、初代の両国国技館（旧両国国技館）が開館した明治四十二年（一九〇九）からです。それまでは麻の裃《かみしも》でした。裃は武士の礼装で、時代劇を見ていると、この姿がよく出てきます。さらに、その前は、陣羽織に裁着《たっつけ》だったようです。明治になって、髷《まげ》を結わなくなり、裃は似合わないという意見もあって、現在のようになりました。

三十三代立行司の木村庄之助さんによれば、新横綱になると、その親方が木村庄之助と式守伊之助に装束を贈るそうです。また、新大関になると、その親方が部屋や一門の行司に贈ります*。

行司のランクは、立行司がトップで、三役行司、幕内行司、十枚目行司、幕下行司、三段目行司、序二段行司、序ノ口行司と続きます。木村庄之助と式守伊之助は立行司の名跡で、代々この名を引き継ぎます。同じ立行司でも木村庄之助が上で、結びの一番をさばき、式守伊之助は結び前の二番をさばきます。

行司はランクに関係なく、直垂と烏帽子を着用しますが、そのほかの面で

＊木村庄之助（33代）・根間弘海『大相撲と歩んだ行司人生51年』英宝社

違いがあります。まず直垂についている紐。これを総《ふさ》にした丸い飾りを菊綴《きくとじ》というのですが、色がランクによって違ってきます。立行司の木村庄之助は総紫、同じく立行司の式守伊之助は紫に白、三役行司は朱色、幕内行司は紅白、十枚目行司は青白、幕下行司以下は青か黒です。また、立行司は腰に短刀をさし、印籠をぶら下げます。短刀をさせるのは立行司だけ。三役行司は印籠だけぶら下げます。それ以下は短刀も印籠もなしです。

この短刀について、二十七代木村庄之助さんは、「伊達に差しているわけではありません。横綱、大関の土俵をさばく責任の重い役目であり、差し違いをしたときには、切腹するだけの覚悟をしているという、昔からのしきたりによるものです。短刀を差すようになったのは、江戸の勧進相撲が軌道に乗った享保年間（一七一六〜一七三六）といわれています」（『ハッケヨイ残った』）と書いています。

このへんの衣装の違いは、よく観察しないと気付かないかもしれませんが、関取、つまり、十枚目以上の力士をさばく行司とそれ以下で、ランクでの違いが一目瞭然なのが足元です。十枚目行司から上はみんな白足袋をはいていますが、その下のランクは裸足。力士はみんな裸足ですから、特にひどいということではないのですが、テレビで幕内の取組ばかり見ていると、足袋をはいている行司の姿しか見ませんので、たまに幕下の取組を見ると、行司の足元がなんとなく寒々しく思えます。寒いときの地方巡業などでは、冷え症の人はつらいのではないでしょうか。二十七代木村庄之助さんの若い頃のように、突然もよおしてしまうことも、あるのだろうなと思います。

軍配――行司の必需品

「軍配を返す」「軍配を引く」「軍配を上げる」という言葉があるように、軍配は行司が仕事をする上での必需品。「軍配を返す」というのは、仕切り時間がいっぱいになって、両力士が最後の仕切りに入る際、手首を立てて握っていた軍配を自分の体のほうに寄せるように構えることです。そのとき、軍配の裏が見えるので、こういいます。「軍配を引く」は両力士が立ち合ったときに軍配を手前に引き寄せること、「軍配を上げる」は勝ったほうに軍配を向けることです。

軍配は団扇《うちわ》の形をしていて、昔は団扇、相撲団扇、軍配団扇ともいいました。材質はケヤキ、カシ、シタンなどで、漆塗りです。ただ、幕下以下は白木。模様は漢詩の一節や家紋、虎や富士山の絵などいろいろ。特に決まりはありません。形はたまご形とひょうたん形があり、今はたまご形を使うことが多いようです。軍配の房の色は直垂の菊綴と同じです。代々受け継がれる軍配を譲《ゆず》り団扇《うちわ》といいます。

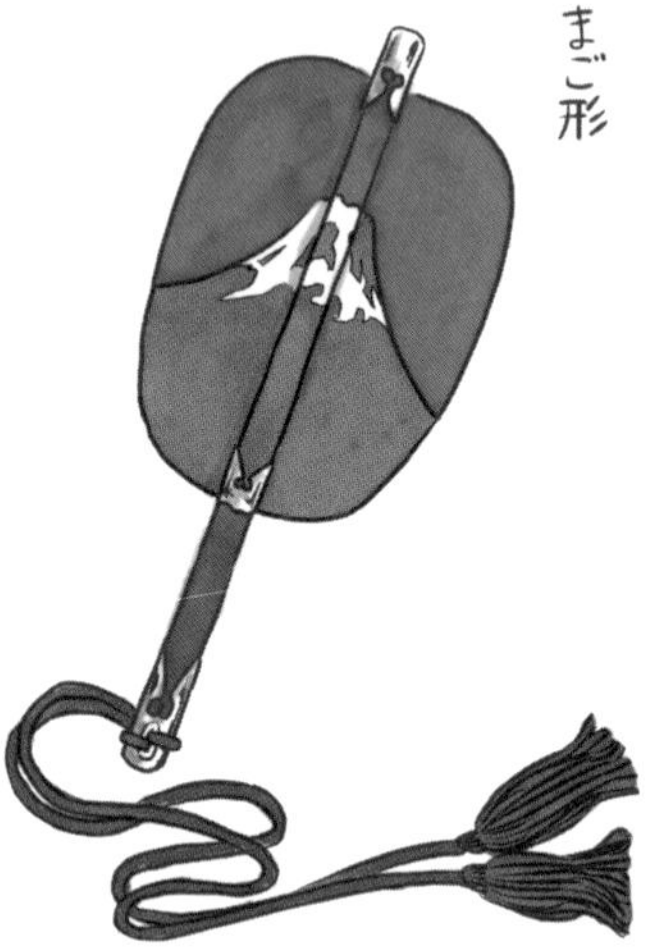

たまご形

幕内行司の木村寿之助さん

によれば、軍配は、序ノ口でも六万五〇〇〇円、幕内は五〇万円から一〇〇万円が基本とか。*

持ち方は、今は自由ですが、以前は、木村と式守では違っていました。木村流は手の甲が上、式守流は手の甲が下でした。

軍配は、勝負の判定を下す大切なもの。そして、軍配を上げ、勝負が決まったら、行司は勝ち名乗りを上げます。これを間違えそうになって、うまくごまかした行司のエピソードがあります。「栃若時代」（横綱栃錦《とちにしき》・若乃花《わかのはな》）の名行司で、ヒゲの伊之助といわれた十九代式守伊之助さん。名寄岩《なよろいわ》と綾昇《あやのぼり》の一番。勝ったのは綾昇でした。伊之助さん、綾昇に軍配を上げたところまではよかったのですが、勝ち名乗りを「ナヨロイワー」としてしまった。そこでハッと気が付いた。「反対だ」

*「日刊スポーツ・コラム」2016年1月24日

と悟った伊之助さん、「に勝ったアヤノボリー」と、ごまかしました（『土俵の砂が知っている』）。

これは、判定を間違える行司差し違えではなく、ただの言い間違い。行司差し違えは、行司としていちばんやってはいけないことで、「行司黒星」ともいいます。しかし、迷うこともあります。一度、東の力士に上げかけた軍配を、「イヤー、違うかな」と西に上げ直すことも。これを「回し軍配《うちわ》」といって、昭和六十年（一九八五）に禁止されました。片方に軍配を上げたら、そのままいくしかないわけです。

こういう失敗をしないための行司なりのコツがあります。二十七代木村庄之助さんによると、「技の掛け手に六分の利あり」といって、同体に見えるときは、技をかけているほうに軍配を上げるそうです。また、相撲の進行中には「両力士の横から見る」「上半身を見ないで、下半身を見る」ようにし、最後に「勝ちより、負けを見て軍配を上げる」のが基本とのことです（『ハッケヨイ残った』）。

このように相撲をさばいている間、行司は「ハッケヨイ、残った」と言っていいます。行司の決まり文句。これは江戸時代から続いている文句のようです。大阪落語の祖の一人といわれ、盛り場などで笑い話をしてお金をとる辻《つじ》噺《ばなし》の名手だった米沢彦八の『軽口御前男《かるくちごぜんおとこ》』（元禄十六年）には次のような話があります。

田舎者が何人かで大阪（当時は大坂）に初めて相撲を見にいき、帰ってきた。で、友達衆が「大坂の相撲はどうだった」と聞いたところ、「さすが、大坂、みんな名人だった」と答えた。すると、だれかが「おれは番付を見たがろくな力士は一人もいなかったよ」と言う。それに対して、「みんな名人だ」と言った男が、「いやいや、それでもどれが出ても、行司が『よいよい』といひました」と言ったという笑い話。

「ハッケヨイ」という行司の言葉を「よい」と理解したというわけですが、ともあれ、元禄の頃も「ハッケヨイ」と言っていたことがわかります。

裁着袴——呼出のユニフォーム

裁着袴《たっつけばかま》は呼出のユニフォームです。袴の一種で、膝から下が筒状になっていて、足に密着、作業がしやすいようになっています。江戸時代もこの姿。これを見れば、「あ、呼出さんだ」とすぐわかります。そして、この姿の人は、ただ力士を呼び上げているだけでなく、懸賞旗を掲げて土俵をまわったり、土俵を掃いたりしていて、呼出はいろいろな仕事をしているんだなとわかります。

呼出のランクは、立呼出《たてよびだし》がトップで、副立呼出、三役呼出、幕内呼出、十枚目呼出、幕下呼出、以下、序二段、序ノ口と続きます。立呼出は、

立行司の木村庄之助と同様、最後の一番しか呼び上げません。貫禄ですね。

昔、この呼出を前行司といっていました。十八世紀後半の明和年間の『軽口独狂言《かるくちひとりきょうげん》』に「かの相撲の前行司が呼びまするやふに、東の方〜〜」と、また、『相撲今昔物語』には、前行司というのがあって、「触《ふれ》」とも「名乗揚《なのりあげ》」ともいっていたとあります。

白扇――なぜ使うのか不明

呼出が力士を呼び上げるとき、無地で白い扇を使います。日本舞踊で使われる舞扇《まいおうぎ》と同じものです。これを開いて力士のほうへ向け、「ひがーしー、○○やまー」と呼び上げるのです。使う理由として、土俵を汚したり、力士に息をかけたりしない心遣いとされています。もっとも、呼び上げる呼出と力士の距離は少し離れていて、よほどの肺活量の呼出でない限り、息はかからないでしょう。

元立呼出の秀男さんは、理由は「実際のところはよくわかりません」と言っています。＊

ひょっとしたら、力士を呼び出すとき、ただ顔だけ向けて呼び上げるのはかっこう悪いし、人差し指で指すのは失礼だし、手を広げたら何かちょうだいといっているようだし、行司は立派な軍配を使っているから、何か似たようなものを使おうと考え、手近にあったのが扇子。そうだ、これを開いて呼び上げればなんとなくかっこうがつくのでは、そんな高いものでもないし、賛成、賛成、といったことで使われるようになったのかもしれません。

柝——相撲興行を進める合図

柝《き》は拍子木のこと。呼出が使う道具で、サクラでできていて、芝居で使うものより少し大きい。高い澄んだ音が出るので、ざわついた場内でもよく伝わります。この柝を打つことを、柝を入れるといいます。相撲の競技や行事、

＊山木秀男『呼出秀男の相撲ばなし』現代書館

儀式は、すべてこの柝の音によって進行していきます。ですから、裏方とはいえ、柝を入れる呼出は大変重要な役割を担っています。

はじめの取組が始まる三〇分前に東西の仕度部屋に入れるのが「一番柝」、取組一五分前に入れるのが「二番柝」、花道で待っている力士にもうすぐだよという合図として入れるのが「呼び柝」です。「呼び柝」が入ると、力士は土俵の控えに入ります。

結びの一番が終わると、取組はすべて終了、弓取式《ゆみとりしき》となり、それが終わると、柝が入ります。これを「あがり

柝」といい、これで打ち出し（その日の興行の終了）の時間となります。

高砂部屋のブログには、同部屋の呼出、邦夫さんの話として、新弟子の頃、油を塗ればつやのあるいい音が出るのではと思って、柝にびん付油を塗ったら、使い物にならなくなったという、笑える失敗談が出ています。手っ取り早くいい音を出そうとしたのがいけなかったのでしょう。しっかりと使い込むことによって、音もよくなっていくようです。

太鼓その一——櫓太鼓

相撲でたたく太鼓には、櫓《やぐら》太鼓と触《ふ》れ太鼓があります。いずれもたたくのは呼出の仕事です。

櫓太鼓は、櫓の上でたたく太鼓。両国の国技館の櫓は高さが約一六メートル。太鼓をたたくてっぺんは二・一平方メートル。よく見ると、櫓の上から長い枝のようなものが二本出ています。出し幣《だべ》というもので、竿の先に麻と幣《へい》を結んであり、天に対する礼の意味があります。

本場所開催中は、この櫓の上で毎日太鼓をたたきます。国技館の櫓は平成七年（一九九五）からエレベーターがついた常設のものですが、ほかの場所はそのつど建てて、梯子《はしご》でのぼります。高いところが苦手では務まりません。元立呼出の秀男さんは、「名古屋場所の櫓は高くて怖い」と言います。エレベーターがあれば太鼓を運ぶのも楽ですが、そうでない櫓ではロープのようなものを使って降ろ

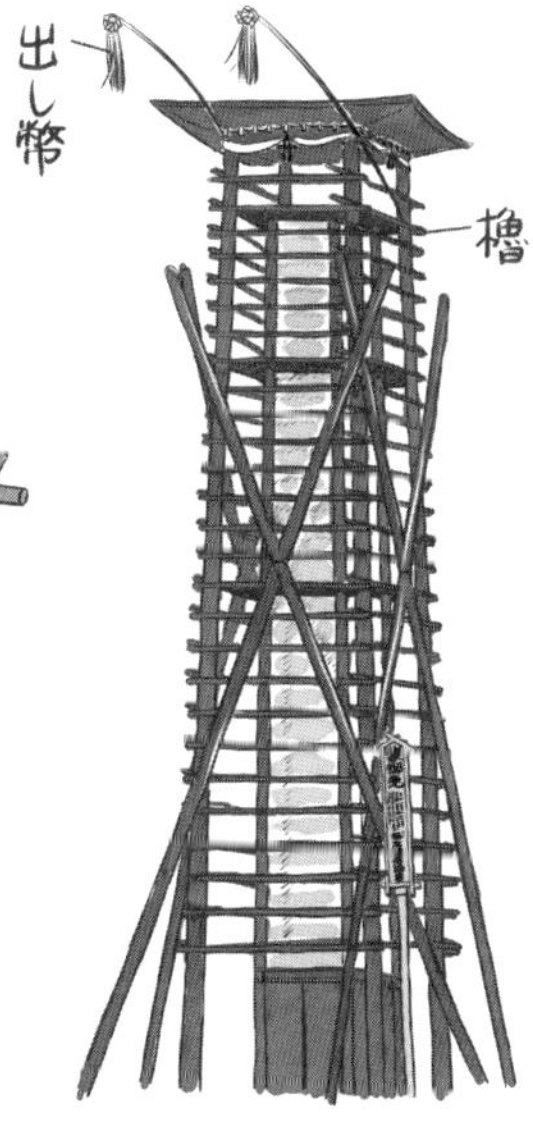

したりしていて、作業中にうっかり落としてしまうこともあります。

怖いだけでなく、冬は寒い。太鼓の名手といわれた呼出永男《のりお》さんは、「初場所の朝の寒いときは、手が凍っちゃって、一時間くらいぶっつづけでたたいていますから、十分ぐらい休んで、また一時間、というぐあいにしてたたいていたものです。まあ、たたいているほうは、なかなか楽じゃないですが」と語っています（「櫓太鼓と相撲甚句」『大相撲こぼればなし』）。

永男さんによれば、かつて太郎さんという呼出がいて、終戦後、土俵の上で櫓太鼓の「寄せ太鼓」「一番太鼓」「二番太鼓」「跳ね太鼓」を分けて観客に聞かせ、それ以来、櫓太鼓は呼出がたたくのかと、みんなに知られるようになったそうです。

早朝最初にたたくのが「一番太鼓」で、関取が場所入りする頃にたたくのが「二番太鼓」ですが、朝早くからやかましいとの苦情があって、今は早朝にはたたかなくなり、場所中の朝八時半から九時までトントコとたたきます。そのため、「一番太鼓」「二番太鼓」という言い方はなくなりました。「寄せ太鼓」と「跳ね太鼓」だけです。「寄せ太鼓」は、文字通り客を呼び寄せるための太鼓で、朝たたくので、「朝太鼓」ともいいます。

天保三年（一八三二）に出た寺門静軒《てらかどせいけん》の『江戸繁昌記』に、「櫓鼓寅時《ろこいんじ》に枹《ばち》を揚げ、連撃して辰に達す」とあります。「櫓鼓寅時より抱えあげ」と翻刻する文献もありますが、いずれにしても、「櫓太鼓を朝の四時頃から続けて打ち、午前八時頃になる」という意味。江戸時代は、朝早くから「相撲をやるぞー」という太鼓を打っていたのです。今だったら、ほとんどの人がまだ寝ている時間ですが、江戸の人は夜明けとともに動き出していましたから、今ほど迷惑がられてはいなかったかもしれません。

小林一茶も詠んでいます。

うす闇き角力太鼓や角田川（七番日記）

角田川は隅田川です。江戸時代、櫓は両国橋畔《ほとり》に建てられることが多かった。太鼓の音を隅田川の水に響かせ、できるだけ遠くまで聞こえるようにするためといわれています。

「跳ね太鼓」は「今日の相撲は終わったよ」という合図です。結びの一番が終わる打ち出しと同時にたたきだします。「跳ね太鼓」は、「明日も来てくださいね」という意味もあり、また、テンテンバラバラと聞こえ、客が散っていく様子ともいわれています。千秋楽は、明日はもうなく、「来てね」とお願いする必要がないため、「跳ね太鼓」はたたきません。

太鼓その二――触れ太鼓

触れ太鼓は、後述する土《ど》俵祭《ひょうまつり》（一一〇頁参照）のあと、初日の前日に町に出ていき、「明日、初日ですよ」と太鼓で知らせるものです。といっても、見境なくウロウロするのではありません。各相撲部屋と贔屓筋です。贔屓筋には、そば屋やラーメン屋などもあるので、運良くその場に居合わせれば、呼出さんの美声と太鼓の音を楽しめるかもしれません。そして、初日の中入り後の取組を「〇〇山には～△△嵐じゃぞえ～」と口上。

大正七年（一九一八）発行の『最近相撲圖解』で、出羽海谷《でわのうみたに》右衛門《えもん》（十九代横綱）が、触れ太鼓は「呼出連の懐を肥すのと、力士連中の神経をドキンとさせる意味だけになつて居る」と述べています。昔は、贔屓筋をまわると、祝儀をもらったりしたようです。力士がドキンとするのは、明日頑張らないと、ということなのでしょうか。

触れ太鼓について、『半七捕物帳』

などの作者、岡本綺堂がおもしろいことを書いています。明治時代の話ですが、触れ太鼓は初日の前日に限らないといい、「雨天などで休場の後、いよいよ明日より開場するという節には、その披露として市中を廻る。どういうものか、この大相撲はとかくに雨天勝ちで、相撲の太鼓が廻ると、その翌日は不思議に雨が降る。『お江戸はえらい所だ。雨の降るのを太鼓で知らせて歩く』といって、田舎者がオッ魂消たという昔噺も、あながち嘘ではない」（『風俗江戸東京物語』）と。

触れ太鼓を天気予報と勘違いした田舎者もいたようです。

以前は、相撲は屋外でやっていました。雨が降ったら延期。それで「晴天○○日興行」と、わざわざ日数に「晴天」をつけました。

相撲の興行日数は、現在は一五日ですが、これが定着したのは昭和二十四年（一九四九）五月からです。安永七年（一七七八）から、それまで晴天八日だったのが、晴天十日になり、江戸、明治時代はこれが続き、大正、昭和で一一日になったり、一三日になったり、一五日になってまた十日になったりと変化してきました。

明治時代は「晴天十日興行」でした。雨の日が多かったら、十日興行が終わるのに何日もかかりました。三田村鳶魚によれば、十日興行するのに、一カ月もかかることもあったそうです（『三田村鳶魚全集』）。その際、再開するときも触れ太鼓がまわっていたのです。たとえば、今日雨だったら延期。翌日は晴れたら、「明日やるよ」と触れ太鼓がまわる。しかし、その明日が雨のこともあります。するとまた延期。その翌日再び晴れたら、また触れ太鼓がまわり、「明日やるよ」と知らせる。そこでまたその日が雨だったら、また延期という具合で、力自慢の力士がたくさんいても、天気には勝てませんでした。

ところで、この太鼓がらみで「柏戸訴訟」といわれる出来事が、寛政年間（一七八九～一八〇一）にありました。それまで触れ太鼓は、興行のたびに年寄《としより》の伊勢ノ海家《いせのうみ》が持っている五つの太鼓を相撲会所が借りていました。その太鼓は、「寛永元年三月四谷鹽〔しお〕町において大相撲を興行したとき使用したといふ當時〔当時〕の出願人（張本あるひは勸進元）伊勢の海五太夫の家に傳〔伝〕はつた由緒づきの古物であるともいふし、さうでないともいふし」（『相撲道綜鑑』）と、はっきりしないようです。相撲会所というのは、江戸時代に相撲興行を運営した組織で、今の相撲協会の前身。五つの太鼓は、江戸の五地域をまわるのに使われました。伊勢ノ海家に払う費用は、「一場所ごとに十二両二歩」*（同上）。

この伊勢ノ海の三代目、柏戸村右衛門《かしわどむらえもん》が死にます。名跡はその弟子の柏戸宗五郎《そうごろう》が継ぐはずでした。ところが、二代目夫人だった加野という女傑が二代目の弟子に継がせようとしました。二代目の弟子なら、触れ太鼓を貸す権利もまだ自分のところに残るということだったのでしょう。それで大いにもめました。困ったのは相撲会所。触れ太鼓をどっちから借りればいいのか。結局、自分たちでつくっちゃえと、新調したのです。あわてたのは加野さん、公儀に訴えました。

その訴訟文の概要が『江戸時代の角力』に出ています。内容はというと、

＊米の価格で換算すると、1両はおよそ60000円となる（「日本銀行金融研究所貨幣博物館」HPの計算式を使用）。

「触れ太鼓五つは、相撲興行のたびに伊勢ノ海が貸して、その料金を受け取っているのに、今回、芝明神社地で行う興行は、どういうわけか、太鼓を借りに来ない。その理由を聞くと、年寄たちで新規に太鼓をつくったので借りる必要がなくなったとのこと。それで貸す権利がなくなり、難儀になったので、訴訟を起こしました。どうかご慈悲をもって、新規の太鼓を差し止めて、従来通り、こちらが持っている太鼓を借りるよう仰せつけください」といったところです。

さあ、結果はどうなったでしょう。年寄方、つまり、相撲会所も答弁書を出すなどして紛糾しましたが、仲裁が入って、年寄方もせっかくつくったのだから、これからは両方使うということにし、加野には、「晴天札」を一五枚贈ることになりました。これは木戸札（入場券）の別称と考えられています。その後、明治二十二年（一八八九）に相撲会所が東京大角觝協会と改称したとき、伊勢ノ海所有の太鼓も協会に帰属しました（改称年については諸説あり）。そして太鼓の問題はこれで決着しましたが、跡目の問題はまだ続きました。そして文化年間（一八〇四～一八一八）になって、加野さんも年には勝てずに衰え、相撲会所の仲裁もあり、柏戸宗五郎が四代目を継ぐことになりました。

太鼓がらみのもめごとをもう一つ。『甲子夜話』に出ている話です。

江戸時代には、相撲と同様、寺社の建立、改築などの資金集めに勧進能が催されました。あるときの勧進能、諸事情があって予定より遅れ、冬の相撲の時期と重なってしまいました。勧進能のほうも櫓太鼓と触れ太鼓があった。それで、町中を響かせても、どっちがどっちの太鼓だかわからなくなるという事態が出来《しゅったい》しました。

その経緯を、『甲子夜話』の松浦清は、お抱えの相撲年寄、玉垣に聞きました。玉垣は、「勧進能のほうから、相撲のほうで触れ太鼓をまわしては、勧進能の触れ太鼓と紛らわしくて迷惑だと願い出たと、聞いております」と答えます。

「寺社奉行の脇坂中書候から相撲方に呼出があり、過去に勧進能と相撲が同じときに興行したことはあるのかとお尋ね。先例はないと申し上げました。

その後、双方が紛らわしくないよう考えろとのことですので、朝から昼時までは勧進能の太鼓、八つ時（午後二時頃）から夜にかけては相撲の太鼓をまわしたいがと提案したのですが、それでも紛らわしい。もっと考えろとの仰せでした。時間での交代について、松平防州候は、いいんじゃないかと思い、水野羽州候に相談したら、それをみんなに知らせなければならないね、それに紛らわしいし。町方には町奉行が知らせるにしても、能は諸大名や諸旗本が見るから、そっちのほうへはこちらから知らせないといけない。能や相撲の勧進興行のことまでお上がいちいち指図するのはよくないよ、と反対。それで防州候も、その話はそれで終わりにしたそうです。だからほかにいい案を考えろとの仰せなのです」

玉垣はこう経緯を説明します。松平防州は、石見浜田の殿様、松平康任《やすとう》、水野羽州は、沼津の殿様の水野忠成《ただあきら》。ともに老中です。老中まで巻き込んでのもめごとになってしまったわけです。脇坂中書は、龍野の殿様の脇坂安《やす》董《ただ》でしょう。

考えろと言われても、だれからもいい案が出ず日が過ぎていき、相撲方から、「勧進相撲の願いを出し、許可を得たので、力士も大勢呼び集めてしまったから、数日のうちに始めなければ困ります」と願い出たら（おそらく寺社奉行にでしょう）、勧進能は二十五日までに終わるから、その後相撲をやれとの命令。ところが、上野御本坊と御位牌所が焼け、その影響で能は二十九日に。それで寺社奉行の脇坂さんが相撲の責任者を呼んで、三十日からは触れ太鼓も興行も好きにしなさいと伝えました。

「翌日（三十日）は冬にしては珍しい大雨。一日中降って、ようやく晴れたので、（十二月一日に）触れ太鼓をまわらせましたが、また雨。今日に至ってしまったのです」

と玉垣。それが師走の二日。

「実は、最初、能のほうに相談したらどうかというと、頭取（年寄のこと）の中に反対する者がおりまして、そのうち、能のほうからお上に願い出た次第。それで能のほうの意向を内々に聞きました。能のほうは相撲を差し止める所存かと。すると、そんなつもりはない。ただ太鼓が紛らわしいということだけとの答え。また、相撲の太鼓はもともと勧進能の太鼓を貸したものだというので、証拠はあるかといえば、言い伝えだけというのです」

　このように玉垣から話を聞いていた松浦の殿様、何か案はなかったのかと、玉垣に問います。すると、玉垣、両方の太鼓が紛らわしいのなら、大銅鑼《おおどら》にしたら太鼓と紛らわしくなることはないと提案したのだが、頭取は不同意だったと話します。そこで殿様、

「唐に木鐸《ぼくたく》、金鐸《きんたく》の制があるのはこういうことがあるからだ。今も迷子を呼ぶのに、小さいが金鼓《きんこ》を打つ。だから、勧進能は太鼓、相撲は金鼓にするようにと答えるべきだ。そうすれば、みんな間違って聞くことはない。太鼓はドドドン、ドドドンと打ち、鐘はグワングワンと打てば、世の人はこれは鐘だ、相撲だとわかる。鐘は金に通じるから相撲の繁盛の徴《きざし》となるよ」

と。それを聞いた玉垣、黙ってしまったとのことです。

　まあ、グワーングワーンと大銅鑼を鳴らしたりしたら、中国の京劇でも始

まるのかと思い、相撲の趣はなくなってしまいますから、玉垣の案に頭取が反対したのはわかりますし、松浦の殿様の案の金鼓は、銅鑼か鉦鼓《しょうこ》のようなものかもしれませんが、いずれにしても金属音で、やはりちょっと違和感があります。二人の意見が実現しなくて、本当によかったです。ちなみに、鐸というのは銅や青銅でできた大型の鈴。木鐸は舌《ぜつ》*が木で、金鐸は金属でできていて、大昔の中国では、教令（命令）を述べるとき、文事には木鐸、武事には金鐸を使ったそうです。

てもち——忘れたらチラッと見る

力士を呼び上げる呼出の左手をよく観察していると、白い紙のようなものを握っているのが見えることがあります。風邪を引いて鼻水が出そうなのでティッシュを持っているわけではありません。てもちというものを持っているのです。

＊鐸（鈴）の振り子の部分。

これは呼出のカンニングペーパー。呼出の第一の仕事は力士を呼び上げること。ですから、今度はだれとだれの取組かちゃんと覚えておかなければなりません。しかし、人間ですから、突然忘れることだってあります。その際、チラッと見るのがてもちです。

その日の取組表（一四一頁参照）を拡大コピーして、切ってのりづけしてつないでトイレットペーパーのミニチュア版のようなものをつくり、それを持って土俵に上がる。自分の呼び上げの仕事が終わったら、終わった分を切り取って次の呼出に渡しているのです。最後に呼び上げるのは、いちばん偉い立呼出ですが、みんなが順繰りに握ったものですから、あまりきれいではありません。元立呼出の秀男さんによれば、あとのほうになる

と、いろんな人の汗で字が読めなくなってしまうこともあるそうです（『呼出秀男の相撲ばなし』）。

ほうき――土俵を整える

相撲を見ていると、呼出がとにかく頻繁に土俵の上を掃いています。ほうきは、一般に掃除で使いますが、呼出がほうきを使うのは、むしろ土俵の表面をきれいに整えるためです。

使うのは二種類。竹ぼうきと手ぼうきで、これらを使い分けて俵《たわら》にかかった砂を落としたり、前の取組で荒れた土俵をきれいにしたりします。

この作業で特に大切なのは、丸い土俵の外側の「蛇の目」（九二頁参照）をきれいにすること。

土俵際での勝負になると、かかとなどが土俵の外に出て、土についたか、浮いていたかが重要になります。押し込まれて、土俵際でぎりぎり残ったように見えても、かかとがはんの少し土俵の外の土についているということもあるのです。その際、「蛇の目」にいろんな人の足跡がついていたら、判定できません。

そんなときのために、取組のあと、あるいは力士が仕切りをしている最中でも、呼出は丁寧に手ぼうきで「蛇の目」を掃いています。

床山の道具――大銀杏が結えるまで五年

力士の髷を結う床山。床山の道具には、荒ぐし、前かき、すきぐし、そろえぐし、髷棒《まげぼう》、先縛り、元結《もとゆい》、すき油などがあります。床山は、これらを自在に駆使して、力士の大銀杏《おおいちょう》などを結います。大銀杏というのは、十枚目以上、つまり関取が結える髪形。相撲協会の「力士規定」第三条に「十枚目以上の関取資格者は、出場に際して大銀杏に結髪しなければならない」とあります。頭頂部にのせた髷のはけ先がイチョウの葉に似ているからこう呼ばれています。

床山は以上の道具を使って大銀杏を結うのですが、この勉強のため、本場所と巡業がない二月と六月に床山講習会が開かれ、若手の床山はそこで指導

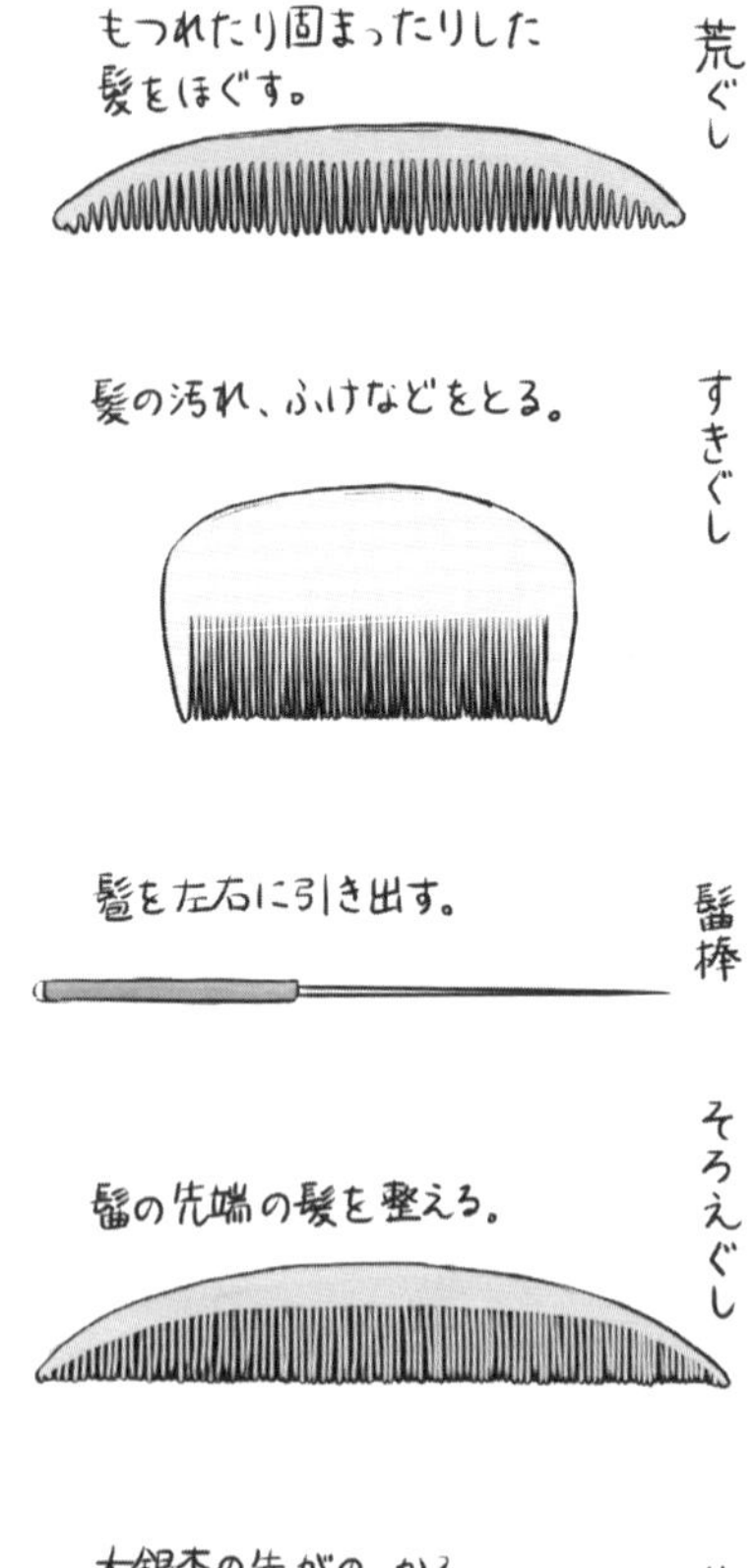
前かき
大銀杏の先がのっかる髪の部分を整える。

を受けています。

大銀杏を結う手順は、まずガーゼで髪に水をまんべんなくつけ、髪をもみます。これによってクセのある髪などをやわらげます。次に手のひらで練ったすき油をつけ、荒ぐしでとかす。すき油は通称「びん付油」。ナタネ油に、つや出しのためのハゼの実からとったロウ（九州産）、さらに四〜五種類の香料が加えられています。力士とすれちがったときに、いい香りがするのは、この「びん付油」の香料によるものです。荒ぐしは、もつれたり固まったりした髪をほぐすために使います。

次にすきぐしで丁寧にすく。すきぐしは歯があらく、これで髪の汚れ、ふけなどをとります。そして、髪を束ねる位置を決め、元結で縛る。元結は和紙でつくられた紐のことです。和紙を細長く切って木綿でまいて、海蘦と米でつくったのりを塗って乾かしてあります。元結で縛る前に、髷の形を整えるために先縛りという紐も使います。これは元結で縛ったら取りのぞきます。

続いて、髷棒で髱《たぼ》を左右に引き出します。髱は後方に張り出た部分のことです。髷棒は銅製で、これで両耳の上や後ろの部分を引き出すようにして整えます。髷棒は市販されていないので、床山がそれぞれ自分でつくっています。畳針を買ってきて、竹の管にさしてつくるようです。

髷ができたら、はけ先（髷の先端）に、髪を整えるためのそろえぐしを入れ、幅三センチにします。そろえぐしは、大銀杏を結うとき以外に、日常、力士の髪を整える際にもよく使うものです。最後に髱のふくらみを髷棒で調整して終わりです。

前かきという櫛もあります

が、これは大銀杏の先がのっかる髪の部分を整える際に使います。

この大銀杏を結えるようになるまでに五年かかるといわれています。元特等床山（床山の最上位、以下一等から五等）の床寿さんによると、髪の毛が多い力士のほうが結いやすいそうです。小錦《こにしき》は縮れ毛だったので「ストレートパーマをかけて直毛にして結った＊」とか。「上手な髷はまるでヘルメットをかぶったようにぴったりと頭に張りつくような感じになる。下手な床山が結うとフワフワしていて相撲を取っていても収まりが悪い。取組前からグラグラしている」といいます。

床山の道具の櫛は相撲協会から支給されます。年に一つずつなので、それ以外は自分で揃えます。前述のように髷棒は自分でつくり、「関取の髪の量によって髷棒を使いわける。髪の少ない人に太い髷棒ではやりづらく、たっぷりと豊かな力士には細い髷棒では負けて、髱が上手く出ないので髪が多い場合は太い髷棒を使うなど、場面ごとの判断が必要＊」とのこと。すき油は油屋から購入し、一場所終わると、力士から代金をもらうそうです。

＊「特等床山・床寿談話抄」『相撲博物館紀要第７号』

元特等床山の床勇さんは、大銀杏を結うのを習いだしたとき、常ノ山《つねのやま》に「人の髪だと思うとできないから、馬のケツかなんかいじっているつもりでやれ」と言われ、練習に励んだと、「大銀杏うらばなし」でいっています(『大相撲こぼればなし』)。

この床勇さん、失敗談も。羽島山《はじまやま》(一九五九年引退)が関脇から幕尻《まくじり》*に落ちていたときです。取組は幕内の最初だから通常早めに終わる。中日を過ぎた頃、「(羽島山が)座布団の上に座っているから、あ、もう終わってきたんだと思い、あわてて崩して直したら、なんだおまえ、おれはこれから相撲とるんだ、なんて言われましたね。アッと思って取組を見ると、その日は関脇か大関かと合っていまして」(同上)、あわてて直したといいます。前半戦調子がよく、幕尻なのに上位とあたったわけです。それにしても、床山さん、意外と取組など気にしていないのですね。

*幕内力士の地位で、最下位の通称。

第二章

土俵とそのまわり

土俵——昔は「土豚」とも表記

前出の『江戸繁昌記』に「目を努《は》り、臂《ひじ》を張り、土豚《どひょう》を中分し、各々一半を占めて蹲まる」とあります。「力士は互いに目を見張り、肘を張って、土俵を二分し、それぞれが半分を占めて蹲《うずくま》る」という意味で、仕切りの様子です。

「土豚」は誤植ではありませんし、アフリカには土豚という動物がいるそうですが、力士がこれを半分こしたということでもありません。土俵を「土豚」と表記しているのです。豚の形に似ているから、昔は土俵をこういうふうにも表記していました。もちろん、力士の勝負の場が豚の形に似ているというのではありません（天井から見たら、仕切り線のある丸い土俵は豚の鼻にも見えないことはないですが）。

土俵といえば、今はみんな相撲の土俵を頭に浮かべますが、もともとは土を詰めた俵、つまり俵でできた土嚢《どのう》にすぎませんでした。これを積んで堤《つつみ》などを築くのですが、力士の戦う場にもこの俵の小さいの（小俵《こだわら》）を使いました。それでその場全体を土俵場、あるいは土俵といったのです。この土を詰めた俵の形が豚の形に似ているので「土豚」、こういうことでしょう。

では、実際の土俵はどうなっているのでしょう。現在、土俵というと、土でできた、真横から見て台形のところ、つまり、力士が取り組むところと、その上に吊られている屋根の両方を意味しています。

まず台形のところですが、高さは三四センチから六〇センチ、下の底面の一辺が六七〇センチで、上の面の部分に小俵で円をつくります。この円の直径は四五五センチ。力士たちはこの円の中で戦い、勝敗を決めるので、勝負に関してはこの円を土俵といい、「勝負土俵」ともいいます（本書のカバー裏表紙を参照）。

昭和二十年（一九四五）秋場所に一度だけ、この円を一尺（約三〇・三センチ）広げたことがありました。直径四八五センチほどになったのです。この場所の前に、進駐軍の希望で「進駐軍慰安大相撲」を行い、このときに広げ、秋場所もそれで行ったのですが、力士たちに不評で元に戻されました。広くなれば、小さい力士には不利だし、勝敗もつきにくくなります。終戦直後です。栄養状態が悪く、体力が低下しているのに、土俵が広くなったら余計大変なわけです。身についた感覚と違うので、取りにくかったということもあったかもしれません。

この勝負土俵の円を囲むように、二五センチの幅で砂を敷き、土俵のほかの部分と区別します。これが前述した「蛇の目」。なぜ「蛇の目」というかはあとで。

この台形の真上には屋根が吊られています。屋形ともいいます。昔は台形の土俵の四隅に柱が四本あって、その上にのっていたのですが、昭和二十七年（一九五二）の九月場所に柱が廃止となり、のせてくれるものがなくなってしまったので、天井に吊ってもらっているのです。国技館の吊り屋根の重さは六・二五トン。アフリカゾウのオスと同じくらいですから、大変重いです。これを二本のワイヤーで吊り、上げ下げができるようになっています。

吊り屋根の建築様式は神明造《しんめいづくり》。神社の本殿と同じつくりです。

前売り券と当日券の販売数の合計が定員に達すると、天井から屋根の上に「満員御礼」の垂れ幕が下がります。柱があったときは、柱に貼っていました。また、柱があった大正七年（一九一八）に出た『最近相撲圖解』で、出羽海谷右衛門が、柱にのった屋根の天井から強力なガス灯が二個、ぶら下がっていて、「夕暮れの弱い光線を補足して土俵を照らす」と述べています。この頃はガス灯が使われていたことがわかります。そして、このガス灯について、故実も由来もあるはずはないが、故実好きの人が三、四百年後に、この二個のガス灯はすなわち日月を意味するものでとか、こじつけないとも限らないと、出羽海、皮肉っています。

吊り屋根には、四隅に黒、青、赤、白の四色の房が下がり、水引幕《みずひきまく》が張りめぐらされています。

房の長さは二三〇センチ、太さは直径七〇センチ。青房と黒房の間が土俵の正面です。黒房の対角が赤房、青房の対角が白房で、赤房と白房の間が向《むこう》上面《じょうめん》。正面から見て左側が「東」、右側が「西」で、これは実際の方位とは関係ありません。相撲中継を見ていると、よく赤房下とか、黒房下とかいいますが、それぞれの房の下のことです。

この房の色には意味があります。それぞれ四季と、古代中国の四方をつかさどる四神《しじん》を表し、青房が春で、東方をつかさどる青竜《せいりょう》神、赤房が夏で、南方をつかさどる朱雀《すざく》神、白房が秋で、西方を守る白虎《びゃっこ》神、黒房が冬で、北方の玄武《げんぶ》神です。先の出羽海は、こじつけだというかもしれません。

この四色の房、柱があった頃は、そこにそれぞれの色の絹を巻いていました。柱がなくなったので、房にして、屋根にぶら下げたのです。ただ、江戸時代の錦絵には柱四本とも朱色というものがあります。

水引幕は屋根の下のところに四方を取り巻いて張られた紫の布です。黒房のところから順に青房、赤房、白房と張り、最後に黒房のところにもってくる。寛延年間（一七四八～一七五二）からこうなったとされています。今の幕には、相撲協会の桜の紋章が染め抜かれています。

前出の『大相撲評判記』では、水引幕について、次のように説明します。東西の力士が「精力を励まして」勝負する。これは陽と陽を戦わすことであり、陽の気と陽の気が戦うと、陽火が生じる。たとえば、檜と檜をすり合わせると火が起こるようなものである。この陽火を鎮めるのが「水」といういい方をする水引幕であり、北から張りはじめて北で終わる。北は陰であり云々。

それなりの理由があるようです。

土俵の歴史——土俵はなぜできた

はじめから今のように土の俵を使ったところで相撲をしていたわけではあ

りません。相撲節の時代は何の区切りもなく、ただ地べたで相撲を取っていました。

それから江戸初期の頃までは、人が取り囲んで、その中で相撲を取っていました。これを「人方屋《ひとかたや》」といいます。ですから、押し出しなどという決まり手はありません。相手を地面に転がすか、人垣に放り込むかするのです。

享保年間（一七一六〜一七三六）の『相撲伝書』（木村守直撰）には、「慶長年中の行司岩井播磨が云けるは、近年、相撲に土俵といふものを用ひ」とあります。慶長というのは一五九六年から一六一五年。豊臣秀吉の晩年から秀吉の死後、徳川家康が天下取りに邁進していた頃です。岩井播磨という人は、後陽成院《ごようぜいいん》の叡覧《えいらん》相撲*で行司を務めたといわれている人。その岩井播磨が、「近頃、相撲に土俵なんていうのを使っている」と言ったというのです。ということは、慶長年間から相撲に土俵が使われるようになったと考えられますが、実際はもう少しあと、十七世紀後半だったようです。

ちなみに、この岩井播磨、土俵で勝負を決めることは「不審《いぶかし》き事なり」と

＊天皇に披露する相撲。将軍に披露する相撲は上覧相撲。勧進相撲は庶民が見る。

言って、土俵は無用だと主張しました。土俵をつくり、土俵の中で膝をついたり、指をついたりしたら負けということになっているが、人方屋の中では膝や手や腰をついても、負けにはならず、人方屋に押し込まれ、起き上がれないようになって初めて負けとする。これが本来だといいます。

『相撲伝書』では、これに対して、土俵の必要性を説いた明石道寿《あかしどうじゅ》という人の話も紹介しています。この人は力士で、行司もやっていた古老とのことです。

道寿の論を説明すると——たとえば、腰をついたりして劣勢から逆転するなどというのは、「九死一生の勝ち」で、これは「拾い勝ち」である。また、土俵の中の勝負では、勝負を限ってしまうと考えるのは間違いだとします。限られた円の中で勝負をするのは、戦場での理にかなった戦い方を練習し、勝負の道理を火急に学ぶものなのだといい、そして、土俵の中で追い立てられ踏みとどまることができず、土俵の外に出てしまう弱さ、これは戦場で、是であろうかと続けます。後ろに下がるのは戦う上で益のないことである。

後ろに目はついていないし、地面だって高低があったり、水溝があったりする。これは後ろに下がる場合の弱点であり、攻める敵の強みには対抗できない。また、膝や手や腰が地面につくような体勢では「倒れ身」であり、負けてしまう一因となる。戦場で敵と戦うときは、いくら広々としたところであっても、組み合う際は敵味方のすき間はない。そして、一度不利な体勢になってしまうと、なかなか挽回できないものである――こんなふうに話して、土俵の中での戦いの必要性を訴えたようです。

いずれにしても、江戸時代に入り、土俵は、相撲の勝負の場として定着しました。

相撲の歴史を合理的にとらえる傾向のある前出の三木愛花は、土俵ができた理由として、相撲が営業的になって観客を集める時代となり、「角力場と観覧の場所を境堺する必要があるので」ということと、境界がないと相撲が長くなるから境界をつくって勝負が早くつくようにし、番数を増やすとともに、「力士の労を少くした、なども一理」と説明します。わかりやすい。そして、土俵は比較的近世のものだから、土俵に関して「故實とか古法とか云ふのは誇大の言」と断じ、一定の形ができ、後に種々の理由を付け加えて、「土俵と故實」などということが長い時間の間に伝え広められたのだと、出羽海谷右衛門のようなことを言っています。実際、どうなのかわかりませんが、そういえば、立呼出だった秀男さんも、相撲の決まりごとについてはあとから理由づけしたものが多いというようなことを言っていました（『呼出秀男の相撲ばなし』）。

もっとも、江戸時代の土俵が、そのまま現在に続いているということではありません。その形には変遷があります。

当初は、今のような小俵ではなく、五斗俵《ごとびょう》＊で境界をつくっていました。また、円形ではなく、四角い土俵のときもありました。それが円形になってからも、南部地方（今の岩手県あたり）では昭和初期まで約四・五メートル四方の四角十俵で相撲が行われていました。ここの相撲を南部相撲といいます。

勝負土俵は、現在は丸一つの円形土俵ですが、江戸時代に二重丸の形の二

＊米五斗が入った俵。これを一俵としていた頃があった。
今の一俵（60kg）は米四斗。五斗俵はそれよりも大きい俵となるが、
ただ平安時代の一斗は今の〇・四斗で、この場合、今の一俵より小さくなる。

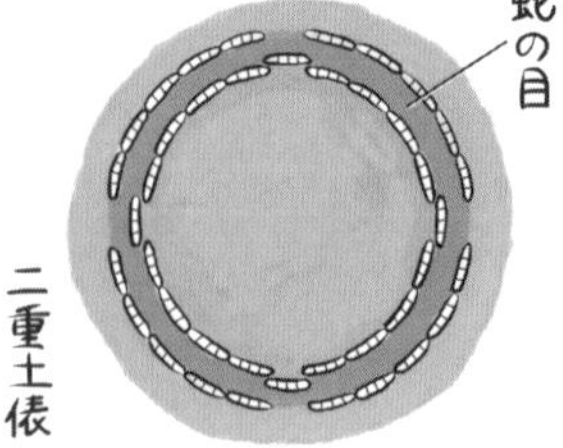

重土俵が考えられ、昭和六年（一九三一）一月場所まで、これで相撲を取っていました。二重土俵は、内側が直径約三・九四メートル、外側が四・五五メートル。内側と外側の土俵の間には砂が入れられ、この二重丸が蛇の目のようだから、ここを「蛇の目」といいました。勝負は内側の土俵で決められました。昭和六年四月の天覧相撲から内側の土俵をとり、現在の形になった次第です。形としては「蛇の目」ではなくなったのですが、勝負土俵の外側の砂の部分を「蛇の目」という言い方は残ったのです。

もう一つ、大きく変わった点があります。前述したように、昔の土俵には柱がありました。江戸時代の錦絵や古い写真を見ると、土俵の四隅に柱が立っていて、その上に屋根がのっています。それがなくなったことです。

この柱のある土俵を見ると、激しい取組で、柱に顔や頭をぶつけたり、柱に投げ飛ばされたりということも絶対あったと思います。土俵に投げ飛ばされるなら、相手は土ですが、柱は木。堅いです。しかし、柱に頭をぶつけて死んだという話も聞きません。やはり、力士は鍛えに鍛えているのです。

昭和五年（一九三〇）三月まで、この柱には「勝負検査役」が座っていました。江戸時代の中改《なかあらため》、今の審判委員です。今は土俵溜まりという土俵の下の席に座っていて、

◉「勧進大相撲土俵入之図」（部分）

ここにもよく力士が飛び込んできますが、柱を背に座っていると、戦う力士と指呼《しこ》の間。今より危険だったでしょう。

観客にとっても、座る場所によっては、柱が邪魔で決定的な瞬間を見逃すということもありました。相撲好きの作家、尾崎士郎は「私のいた桟敷は四本柱のかげになっていたので控席にいた力士の顔はよく見えなかった」と書いています。* 四本柱がなくなったのは、こういった見物の邪魔だという声に応えてのことです。

また、四本柱には御幣《ごへい》がついていました。神前に供える裂《さ》いた布や紙垂《しで》を棒に挟んで垂らしたものです。

ともあれ、土俵は相撲にとって欠かせないもの。土俵があるからできる技もたくさんあります。尾崎士郎は、子どもが四つに組んで相撲を取る姿はほかの国でもあることで、珍しいことではないといい、それが相撲という形に日本で完成したのは土俵があったからで、「土俵だけが相撲を日本独自のものたらしめたといっても過言ではない」と、土俵の存在を高く評価しています。*

＊『相撲を見る眼』ベースボール・マガジン社

ここで土俵にまつわるエピソードを一つ。

昭和四十三年（一九六八）の秋場所。十両の和晃《かつひかり》と朝嵐《あさあらし》戦。制限時間いっぱいで和晃が待ったをした。そのときです。土俵の真ん中に落ちている藁くずが朝嵐の目に入ったのです。彼はそれを拾って土俵の外に捨てようとしたのですが、その際、足も出てしまった。そこですかさず審判委員から物言い。「時間いっぱいで足を出したので負け」となってしまいました。反則負けです。「本人は納得がいかないらしく、ひとり審判委員室へやってきて説明を聞いていた*」とか。

子どもの頃からゴミは拾いましょうと教えられていたはずです。しかも、これから相手と自分が死力を尽くして戦う場。拾わないわけにはいかない。そんな「正しい心」だったのであり、納得がいかないのもわかります。しかし、足を土俵から出したのがまずかった。

これに関して、当時の時津風《ときつかぜ》理事長は、「制限時間をすぎてから土俵の外に出てはいけないという内規があることは知っていたが、即負けになるとは

*『朝日新聞』1968年9月16日

知らなかった。私の考えとしては注意にとどめる親切心があってもよかったのではないか＊」と言っています。思いやりのある発言です。まあ、理事長も知らなかったのですから、朝嵐が知らないのも仕方ないかもしれません。しかし、ルールはルール。やはり知っておかなければなりません。

土俵築の道具——場所前に行う土木作業

力士が相撲を取る土俵は、場所のたびに新しくつくります。これを土俵築《つき》といいます。ただし、国技館の場合は土台は残してあり、上の土を二〇センチほど削ってつくり直します。地方の本場所は終わったら壊して撤去して、場所前にまた最初からつくっています。

担当者は呼出一同。本場所が始まる前に三日かけて行う土木作業です。土俵をつくる道具は、くわ、五寸釘、たこ、たたき、突き棒、トンボ、ビールびんなど。

＊『朝日新聞』1968年9月16日

使う土は荒木田《あらきだ》とされています。荒川区の町屋、尾久あたりからとれる土で、特に今の隅田川（旧荒川）流域の荒木田ヶ原でとれたため、荒木田といっています。粘りがあり、乾燥も早いので、土俵に適していますが、最近は開発などの影響で、千葉県や茨城県の土を使っています。

また、地方場所や巡業の場合、その土地で最適の土を運び込みます。巡業で適した土がないときは、セメントなども混ぜることがあります（『呼出秀男の相撲ばなし』）。

まず使う道具はくわ。国技館の場合、これで古い土を掘り起こし、そこに新しい土をのせて、トンボで平らにしていきます。それからたこで土を固めていきます。生き物のタコを逆さにしたような道具で、そのタコの足に似たところを持って丹念に叩く。これがいい加減だと、土俵がボロボロになります。さらに、たたきで土を叩く。大きいたたきは振り上げてから打ち下ろします。この際、ペタンペタンといい音を出せないとまだ素人。最終的に力士が四股を踏んでも足跡がつかないくらい固くする。小さいたたきもあり、これは土俵の斜面を叩き固めるときに使います。

この作業と同時に、小俵もつくっていきます。これも呼出の手づくり。俵に土を入れ、荒縄で縛る作業です。形を整えるのに使うのがビールびん。廻しを折るときもビールびんが登場しました。相撲の世界ではビールびんはけっこう活躍しています。国内メーカーのものが丈夫だとか。土俵に使われる小俵は全部で六六。

土俵の形ができ、小俵が揃ったら、土俵に埋めていきます。その前に、五寸釘でコンパスのようにして、勝

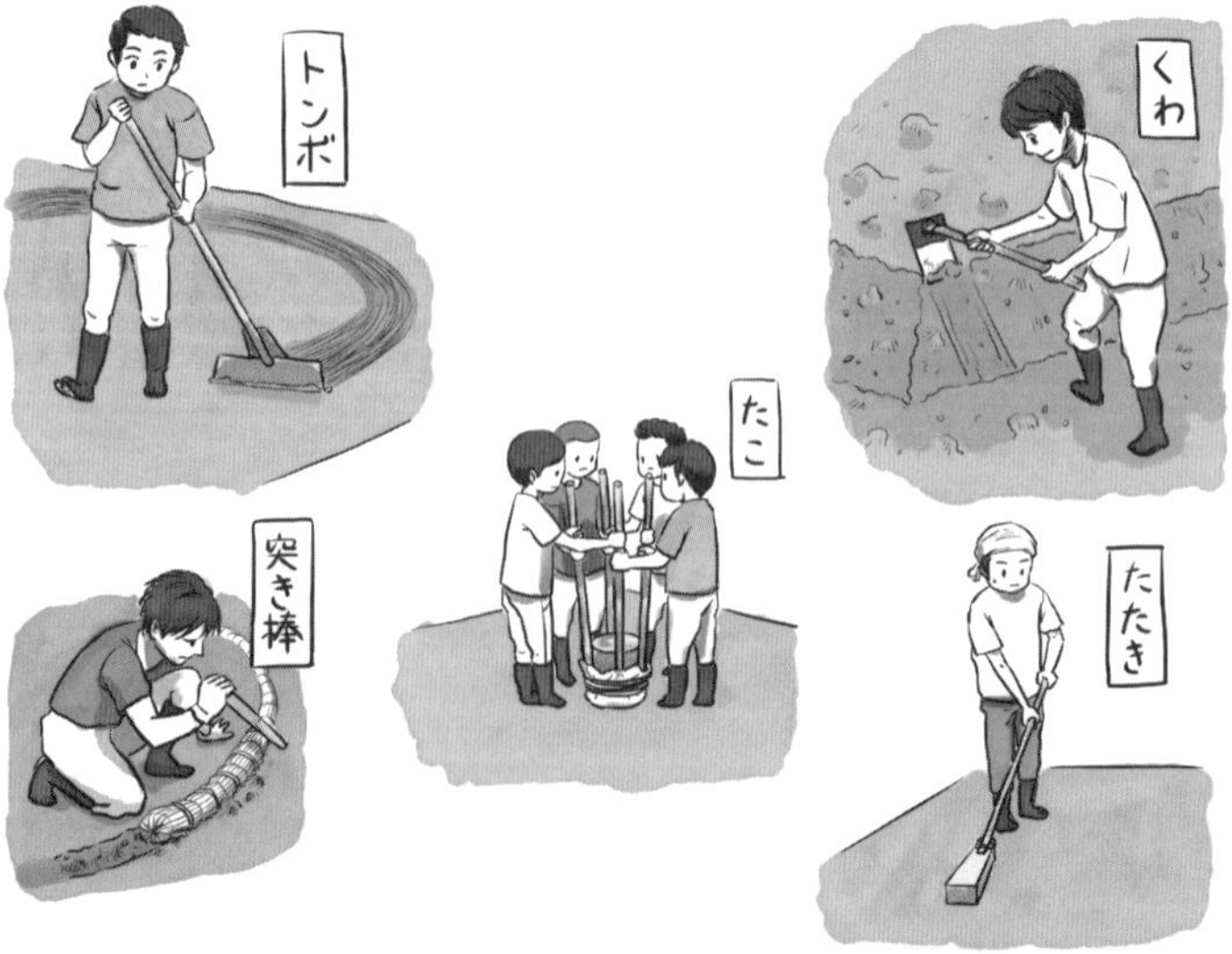

負土俵の円を描きます。その円周に小俵を埋める。相撲協会の「土俵規定」には「小俵は、六分を土中に埋め、四分を地上に出す」（第二条）とあります。まず小俵を収める溝を小俵の直径に合わせてつくられた専用のくわでつくる。そこに小俵を入れ、突き棒で小俵のまわりの土を固めていきます。小俵を固定するために接着剤や金属など使ったりせず、ただ埋めるだけ。これで激しい取組で小俵に足がかかっても、動くことはほとんどありません。よくできています。

この小俵には種類があります。まずは勝負俵と徳俵。この二つで勝負土俵をつくる。それに土俵の上の四角い辺に配する角俵とその角に使うあげ俵、土俵に上がるときに使う上がり段のところに使う踏み俵、水桶を置く水桶俵です。

徳俵は勝負土俵の円の周辺の正面、向正面、東と西の位置に一つずつ。ちょっとはみ出した形でつけられています。今は建物の中で相撲興行を行いますが、昔は外での興行。雨が降れば、土俵に水がたまる。土俵が円のままだと大きな水たまりのようになってしまいます。それで、四カ所だけ小俵をずらして、すき間をつくり、そこから水を出せるようにしたのです。力士にとっては、少しはみ出している分だけ、攻められても踏ん張れます。得するということから徳俵という名前になったようです。

勝負土俵には最後に仕切り線が引かれます。土俵中央、七〇センチの間隔で二本引きます。幅は六センチ、長さは九〇センチ。素材は白のエナメル。結びの一番が終わると、そのつど引いています。この仕切り線ができたのは昭和三年（一九二八）。当時は六〇センチの間隔でしたが、昭和四十五年（一九七〇）に今の間隔になりました。力士はこの仕切り線から前に手を出して仕切ることはできません。後ろのほうからなら、いくら下がってもかまいません。戦術なのか、それとも相手がでかいので気後れしてか（そんなことはないでしょうが）、仕切り線からかなり離れて仕切ることもあります。

仕切りというのは、両力士が向かい合い、仕切り線のところで両手を土俵につけ、腰を割って立ち合いに備えて呼吸を合わせることです。現在はこの形ですが、昔は、両手は土俵につけ、腰は十分に落とさず、頭より高い位置に置き、相手に突っ込んでいくような仕切り、両手を土俵につけず、中腰のままで立ち合う仕切りなどいろいろありました。

松浦清は『甲子夜話』で、文化九年（一八一二）にまとめられた『柔咄《やわらばなし》』という書物に書いてあることとして、享保（一七一六〜一七三六）の初めの頃までは、力士は二人とも土俵の中で中腰に立って、行司が団扇を引いてから相撲を始めたが、団扇の引き方に「依怙《えこ》」もあるとして、八角《はっかく》が腰を落として、互いに心が合ったところで立ち合うようにした、と紹介しています。団扇を引くタイミングによって、どちらかが不利になることもあったということでしょう。八角は、享保年間に活躍した大関の八角楯《たて》之助《のすけ》です。

さらに、『柔咄』の著者は、何度も「まだまだ」と言って、立ち合わないことが多いから、八角が始めたこの立ち合いに不満で、「角力の心きたなくなり」と言っていると、松浦は書いています。

今も、さあぶつかり合うぞというとき、「待った」をする力士がいますが、好ましいこととはされていません。仕方のないときもあるのでしょうが、相撲協会の「勝負規定」の第四条には「制限時間後は、行司、審判委員が、故意に立たない力士と認めた場合は、負けを宣することができる」と書いてあります。

鎮め物――場所中は土俵の真ん中に埋まったまま

土俵築が終わると、初日の前日に土俵祭が行われます。「方屋開《かたやびら》き」ともいいます。立行司が祭主となって、五穀豊穣、国家平安、土俵の無事を祈願する儀式で、相撲協会の理事長、審判部長以下の審判委員、立呼出などのほか、三役以上の力士が立ち合います。無料で見学できますので、横綱、大関など人気力士の凛々しい姿を見たい人は早めに行って前のほうの席をとるといいでしょう。行列しますが、国技館ですから一万人以上は入れる。入れないということはありません。

この土俵築で欠かせないのが、鎮め物です。その内容は、勝栗《かちぐり》、洗米、昆布、スルメ、塩、カヤの実。勝栗は、栗を搗《か》ち、つまり搗《つ》いて殻と渋皮をむいたもので、勝ちにつながるからめでたいとされ、スルメは結納などにも使われるなど、みんな縁起物。これらを奉書紙に包んで、土俵の真ん中に掘った一五センチ平方の穴に収め、神酒をかけます。あとで呼出がこれを埋め、場所の間はずっとそのままです。

化粧水——覚悟の水盃の意味もあった

相撲協会の「土俵規定」の第八条には、「土俵には水、紙、塩を備える」とあります。その中の水は化粧水、力水ともいわれます。女性が顔にペチャペチャつける「けしょうすい」ではありません。「けしょうみず」。

土俵下の赤房と白房のところに二つの小俵で水桶俵が設けられていて、その上に水桶を置き、ここに水が入れてあります。力士が仕切りに入る前に口をすすぎ、身を清めるためのものです。この水が使えるのは、十枚目以上の取組に限られています。

力士が口をすすいでいる様子を見ると、軽くすすぎ、ペッと吐き出しています。テレビで見ていると、ところかまわず吐き捨てているように見えますが、相撲を取る土俵やその周辺を汚すようなことはしません。土俵の斜面に、排水用の穴があ

◉水桶俵にのった水桶。
右側に水吐き口が見える。

り、そこに吐き捨てているのです。この穴を水吐き口といいます。国技館の場合、下水につながっています。元立呼出の秀男さんに聞いたところ、名古屋や大阪などの地方場所では、タンクを埋めておき、中日くらいにはいっぱいになるので、ポンプのようなもので空にするそうです。

この水について、出羽海谷右衛門は、昔の力水には力士が死を決して登場するため、ある意味では覚悟の水盃《みずさかずき》という心持も含まれていたが、今（大正時代）は、単に力士ののどを潤し、口を清めるだけのものになっている。ただ、勝った力士が次の力士に水を汲んでやるのは、幾分この水盃の意味がこもっていると語っています（『最近相撲圖解』）。勝った力士が汲んでやるという手順は今も同じです。

化粧紙——口をぬぐったり、汗をふいたり

女性が白粉《おしろい》を落とすときに使う「けしょうがみ」ではありません。ただし、

こちらは、読みは同じ。力紙ともいいます。

土俵の脇の水桶の上にのっている、半紙を半分にしたもの。これで力水を使ったあとの口をぬぐったり、汗をふいたりします。

これについても、出羽海谷右衛門に話を聞きましょう。

力水というのは、力を出す水ということで、言い方にそれなりの意味があるが、力紙は単に力水に合わせてつけた名前にすぎないと、谷右衛門、はっきり言います。そして、むしろ、化粧紙という言い方のほうが合っていると。

というのも、この紙は、鼻紙ともなり、口をふく紙ともなり、一種の手ぬぐいともなり、さらに、この紙をしごいて、乱髪を束ねる元結ともするからだといいます。

ちょっと説明しておくと、当時は四本柱のある土俵でした。そして、化粧紙はその柱にぶら下がっていて、力士はこれを元結の代わりに使ったりしていたようです。

また、谷右衛門はこうも言います。

「近い頃まで此の紙をしごいて土俵の隅に突立てた事もあつた。之れは決死の力士が萬一の場合に於ける墓標を表したものとも傳〔伝〕えられる」

明治時代、化粧紙を紙卒塔婆《かみそとば》*に折って、四本柱の下に置いた力士もいたそうです。

ただ、この化粧水、化粧紙という言い方については、江戸時代から反対意見があり、『嬉遊笑覧』では、実際の使い方を見ても「化粧」という言い方は合わない。化粧水ももとは力水と言っていたのだから、化粧紙も力紙と言うべきだと主張しています。また、「化粧」は、「洗い、磨いて、本来の自分、資質を顕現させるため」という考えもあることは、化粧廻しのところで話しました。

ちなみに、相撲協会監修の『相撲大事典』では、いずれも「水」、「紙」を正式名称としています。

＊卒塔婆は、供養のために墓に立てる板。

塩——まけるのは十枚目以上

「土俵規定」で土俵に備えなければならないもののもう一つは塩です。土俵の赤房下と白房下に塩かごが置いてあり、ここに塩がたっぷり入っています。力士は仕切り直しのたびにここから塩をとり、土俵にまきます。たくさんとって豪快にまく力士もいますし、ちょびっとしかとらず、ポイとまく力士もいます。別にとる量の決まりはないので、みんな好きにやっています。

塩を使う意味は、神聖な土俵を清め、力士の安全を祈るというものです。土俵に塩をまいておけば、ひっくり返ってすり傷をつくった際の消毒になるという実用的な意味もあります。

使うのは粗塩。これだと力士の指の間からこぼれにくく、手に適度に湿り気も持たせられるからとのことです。

本場所で土俵に塩をまけるのは、基本的に十枚目以上となっています。基本的というのは、その日の進行状況で時間に余裕があると、幕下二段目の力士もまけることがあるからです。

国技館――今は三代目

ＪＲ両国駅前に国技館はあります。地上三階、地下二階の鉄筋コンクリートの立派なもので、定員は一万一〇九八人。土俵は地下に収納できるようになっていて、桟敷席も可動式で、相撲以外のイベントなどにも使えるようになっています。

国技館には相撲博物館や日本相撲協会診療所、相撲教習所も併設されています。相撲博物館は、相撲の調査研究、資料の収集・整理・保管などを行うほか、一般向けの展示スペースを設け、無料で公開しています。ただし、場所中は国技館の入場者しか見られません。展示内容はテーマによって変わるので、何度行っても飽きることはありません。

診療所は、内科、外科、整形外科などがあり、場所中の力士のケガの対応

はもちろんですが、ふつうの病院のように場所以外の日も利用でき、力士などの相撲協会の会員とその家族だけでなく、一般の人の診療も行っています。

相撲教習所は相撲の学校。新弟子検査に合格して、前相撲*を取って新序になると、四股、鉄砲、すり足などの相撲の基本動作や相撲の歴史、書道、一般常識などを、半年間ここで勉強します。相撲の世界に入ってからも座学をするとは思わなかった力士もいるのではないでしょうか。睡魔に襲われる力士もいるようで、元力士の翠風《みどりかぜ》はブログで、「居眠りする人もたくさんいましてね〔中略〕当然めちゃくちゃ怒られたりするんです」と書いています。

＊新弟子検査に合格した力士を前相撲といい、その力士が取る相撲のこと。

どこの学校でも見られる光景でしょう。教習所では、希望があれば、力士だけでなく、行司や呼出、床山なども学べます。

この国技館、常設館としては三代目。初代は明治四十二年（一九〇九）六月に両国の回向院の敷地に開館しました。鼠《ねずみ》小《こ》僧《ぞう》次《じ》郎吉《ろきち》の墓がある回向院は、江戸の勧進相撲の中心の場で、天保四年（一八三三）からは、春秋二回の興行の定《じょう》場所でした。現在、歴代年寄の慰霊のための碑「力塚」や、呼出の霊を祭った「太鼓塚」などがあります。

初代国技館の設計は、東京駅の設計者の辰野金吾と葛西萬司です。その規模は『江戸時代の角力』によると、敷地が一一五〇坪、建坪が九〇六坪五合（付属の家屋を除く）。今の国技館は、敷地が五五二九・八坪、建築延べ面積は一万六九〇・九坪ですから、現在のほ

◉開館当時の両国国技館

うがかなり大きくなっています。

初代国技館ができたときは、まだ十日興行で、「国技館」という名前もついていなくて、「相撲常設館」「両国元町常設館」といわれていました。正式に「国技館」と命名されたのは翌年のこと。この命名者はだれかということについて諸説ありましたが、尾車《おぐるま》親方と小説家の江見水蔭《えみすいいん》といわれています。

三木愛花は、当初は「常設館」と呼ぶつもりだったが、落成してから、いい名前をつけようとなって、好角家数十人を招聘《しょうへい》して、協議。三木もその場にいて、「国技館」の名を提案したのは尾車であったといいます。ただ、これは協会の幹部たちですでに決まっていたことで、尾車が協議の席で話す役目を負っただけとしています（『江戸時代の角力』）。

これでは、だれが決めたかわかりません。『相撲道綜鑑』を書いた彦山光三は、そのへんをもう少し調べました。そして、昭和十年（一九三五）発行の『相撲講本』にその経緯が書かれているとし、紹介しています。それによると、江見水蔭が、「自分が『国技館』と命名したわけではないが、落成式の披露文を草し、『相撲は日本の国技なり』と喝破し、『国技』のところを人文字にしたのを尾車が見て『国技館』と提案、それを常陸山〔ひたちやま〕が賛成して、すぐに江見水蔭が命名者だと新聞に発表したためだ」と説明しています。

こんな経緯だったわけです。

ともあれ、国技館ができて、東京では天気の心配をせず相撲が楽しめるようになりました。ところが、相撲ファンみんなが喜んだというわけではないようです。三田村鳶魚は、「国技館が出来た時分に、あの大鉄傘〔だいてっさん〕の堂々たる建造を眺めて、古老は、シミッタレな真似をしやがる、もう角力も駄目だよ、などといっていた」（『三田村鳶魚全集』）と書いています。

どうしてか。それまでは、興行のたびに小屋をつくり、終わると壊していました。鳶魚は「小屋掛けで大角力興行が切迫した」と言います。いよいよ相撲が始まるぞと、前景気が賑々しくなり、また、興行後の「取毀〔こわ〕

しでは跡の淋しさ、次の興行が待ち遠しく、名残り惜しい心持がする」のだが、これがなくなってしまったからというのです。相撲の始まりは「新聞を眺めるだけ」で、小屋掛けが与えるワクワクとした気持ちは出てこないし、壊すことがないから、寂しさもなくなると、鳶魚はいいます。

それまでは、「十日の興行を十二日見物した」と自慢する人もいました。相撲は一〇日間ですが、小屋掛けの一日、取り壊しの一日までわざわざ見物に行き、小屋掛けでは、「今回はどんな相撲が楽しめるんだろう」とワクワクし、取り壊しでは、「あの取組はよかったなあ」などと思い浮かべたり、「ああ、終わっちゃったか」と寂しい思いをしたりしたのでしょう。当時の相撲ファンにとって、これらの思いも含めて、相撲の楽しみだったのです。

この初代国技館は大正六年（一九一七）に失火で焼失。再建されましたが、今度は関東大震災で全焼。またつくられ、戦後進駐軍に接収され、昭和二十七年（一九五二）に返還。国際スタジアムに貸与され、次いで日本大学に売られて、昭和五十八年（一九八三）に解体されています。

二代目は蔵前国技館です。初代国技館が進駐軍に接収されてしまったので、昭和二十二年（一九四七）春場所は行われず、夏場所は、明治神宮外苑相撲場で晴天十日興行。「客足はさっぱりでした」と二十七代木村庄之助さんは書いています（『ハッケヨイ残った』）。その後、浜町仮設国技館で相撲興行をしていましたが、昭和二十五年（一九五〇）に蔵前に仮設の建物をつくり、そのまま興行。以後、順次工事をしていき、昭和二十九年（一九五四）に開館。このとき、相撲博物館もできました。昭和六十年（一九八五）に今の国技館が落成し、役目を終えるまで、大勢の相撲ファンが蔵前まで足を運んだのです。

木戸——親方の顔が見られる

木戸とは、相撲会場の入り口のこと。入場料が木戸銭《きどせん》です。江戸時代から明治時代までは、木戸の脇に設けられた札場という入場券売り場でお金を払うと、木戸札という木の札を渡され、それを持って木戸に行き、札を渡すと会場に入れ、入ると、色のついたこよりを売っていて、いい席で見たい人はさらにお金を払うという仕組みでした。

今は、木戸は正面入り口。ここで入場券を渡すと、もぎりをしている人が切って半券を渡してくれます。このもぎりをする人はなんと親方たち。相撲部屋で弟子をビシビシ鍛えているだけでなく、こんな仕事もしているのです。懐かしい顔に会える楽しみがあります。

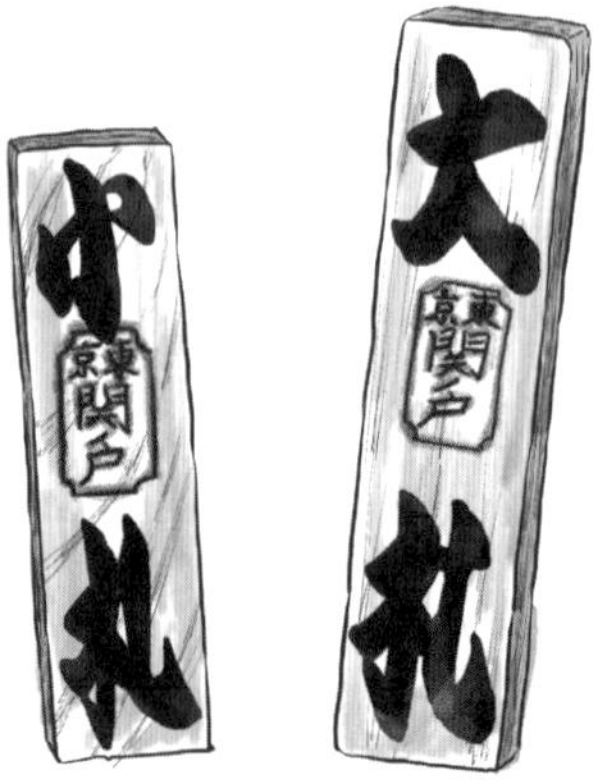

御免札——会場に設置される大きな告知

本場所初日の約一カ月前に「御免祝い」という行事が行われます。相撲協

会が報道関係者を招いて、日程などを発表するというものですが、このとき、櫓の下か会場の出入り口のところに、四メートルほどの木の札を掲げます。これが御免札。

番付と同じように大きく「蒙御免」（ごめんこうむる）と記し、いつからどこで催すということが書かれた簡単なものです。江戸時代後期からの習慣のようです。寺社奉行から勧進相撲の許可をもらいましたということを示すとともに、いついつから相撲が始まりますよという告知の意味もありました。

幟——場所風景の一つ

本場所などの会場に行くと、力士の幟《のぼり》が翩翻《へんぽん》とひるがえっていて、相撲の会場の雰囲気を醸し出しています。これと櫓がないと、ほかのスポーツをやる体育館と同じ感じになってしまうので、雰囲気づくりに幟は必要でしょう。江戸時代からあったのですが、明治四十二年（一九〇九）に旧両国国技館ができたとき、一時廃止され、巡業のときだけ使うようになりました。復活したのは昭和二十七年（一九五二）の一月場所からです。

　これは力士が自分でつくるのではなく、後援会などからの贈呈品。大きさ

は決まっていません。本場所のものは、長さ五・四メートル、幅九〇センチほど。上のほうに「贈」と書かれた軍配の図柄があり、その下に大きく「〇〇関江」（「さん江」というのもあります）と染め抜かれていて、いちばん下が贈り主の名前。後援会名のほか、企業だったり、個人だったり、いろいろです。黒星につながるので力士の名前に黒字は使わず、贈呈者の企業名には赤字は使わないそうです。また、力士だけでなく、相撲協会や親方、各部屋、行司、呼出、床山に贈られたものもあります。

この幟、一場所で違うものに替えられます。縁起を担いでいるからとか。

優勝額——土俵を見下ろす優勝者の雄姿

国技館に入り、グルッと見回すと、土俵を見下ろすように優勝力士の全身の雄姿が描かれた大きい額が飾られてあります。これが優勝額です。人きさは縦三・一七メートル、横二・二八メートル。重さは約八〇キロです。もっとも、スペースに限りがありますから、これまでの優勝力士全部の優勝額があるわけではありません。東西南北に八枚ずつ、合計三二枚です。古いものから順次、はずされていきます。

国技館に並ぶ優勝額が、長い間、外国人力士だけということもありました。平成十八年（二〇〇六）一月場所で優勝した栃東《とちあずま》の優勝額が平成二十四年（二〇一二）一月にはずされてから、平成二十八年（二〇一六）一月に琴奨菊《ことしょうぎく》が優勝し、五月場所で贈呈されるまで、すべて外国人力士だったのです。

はずされた額はどうするか。本人に返されるのですが、こんな大きいもの、ふつうの家にはなかなか置けません。何度も優勝する横綱ならなおさらです。家にも自分の部屋にも置ききれません。それで、後援者や出身学校などに寄贈したりしています。JR両国駅の構内にも横綱白鵬《はくほう》、元横綱の武蔵丸《むさしまる》などの優勝額がドーンと飾られています。駅に寄贈したのでしょう。

優勝額の歴史は明治時代、初代国技館ができたときに遡ります。寄贈したのは時事新報社。昭和十二年（一九三七）からは東京日日新聞社、今の毎日新聞社になりました。昭和十八年（一九四三）夏からはカラーになりましたが、翌年春から戦争で中断し、復活したのは昭和二十六年（一九五一）の五月場所からです。前場所の優勝力士・照國の優勝額が飾られ、このときから彩色家の佐藤寿々江さんが色づけを担当しました。白黒写真三枚をつなぎ、その上に油絵具で色をつけていくのです。以来六二年間、佐藤さんは約三五〇〇枚の優勝額の彩色を手がけ、平成二十六年（二〇一四）

に引退。現在はカラー写真を従来の色合いに似せてデジタル処理したものになっています。

通常の優勝では額の上の部分に「優勝」と記されているのですが、全勝優勝すると、そこが「全勝」になります。

優勝額は贈呈式を経てから飾られます。贈呈式は年三回、東京で行われる本場所の初日の前日。土俵祭のあとに行われます。たとえば、一月場所と三月場所で優勝した力士の贈呈式は五月場所の初日の前日です。贈呈式では大小二つの優勝額が贈られます。大きいほうが国技館に飾られ、小さいほうは力士に渡されます。土俵祭を見学した人は、贈呈式の様子も見学できます。

翌日、つまり初日には優勝額除幕式が行われます。幕内と横綱の土俵入りのあと、賜杯と優勝旗の返還式が行われ、その後です。

賜杯は、天皇賜杯。幕内で優勝すると、これと優勝旗も授与されます。

天皇賜杯は、大正十四年（一九二五）四月に、後の昭和天皇、摂政宮の誕生日を祝して行われた台湾相撲の下賜金でつくられたもので、二九キロもある銀製のカップです。貴重品ですので、優勝力士は授与されたら仕度部屋で記念写真を撮影して、あとは相撲協会が大切に保管し、翌場所初日の返還式で返却。本人はレプリカがもらえます。この賜杯の台のところには銀製のしこ名の名札がつけられ、これは八〇枚まで。優勝額と同様、古いものから交換されます。

優勝旗も優勝時に授与されますが、これも返還式で返します。短冊がぶら下がっていて、これは約二年分。優勝旗は優勝制度ができた明治四十二年（一九〇九）から授与されていて、この頃はまだ東西制で、優勝旗は東西どちらか勝ったほうに授与されていました。団体戦です。個人に与えられるようになったのは昭和七年（一九三二）からです。

東西制というのは、東西に分かれて、東の力士同士、西の力士同士は戦わない東西対抗戦で、江戸時代から昭和六年（一九三一）までこの形でした。

番付表——行司が相撲字で書く

場所ごとに力士、年寄、行司、若者頭《わかいものがしら》、世話人、*呼出（十枚目以上）、床山（特等）などの名前がのったものがつくられます。これが番付表、通称番付です。

番付表を見ると、まず真ん中の一番上にある「蒙御免」（ごめんこうむる）という大きな文字が目に入ります。これは江戸時代、寺社奉行の許可を得て勧進相撲を催していたときに、その許可を受けたよという印。寺社奉行ははるか昔になくなっていますが、この形は今も守っています。

「蒙御免」の左右に東西の横綱から序ノ口まで書かれています。ランクが下がるほど字が細く、小さくなっていき、目が衰えた高齢者は見るのをあきらめてしまうほど。序ノ口の力士のことを「虫眼鏡」ということがありますが、これは番付表の名前が虫眼鏡を使わないと読めないくらい小さいことからきています。ともかく実力主義の世界だということがはっきりとわかる形にな

＊若者頭と世話人は、ともに十枚目力士・幕下力士で、現役引退後、相撲協会で働く人。若者頭は新弟子検査に合格した力士養成員を監督・指導したり、取組の進行係をしたりする。世話人は若者頭の補助的な役目を担う。

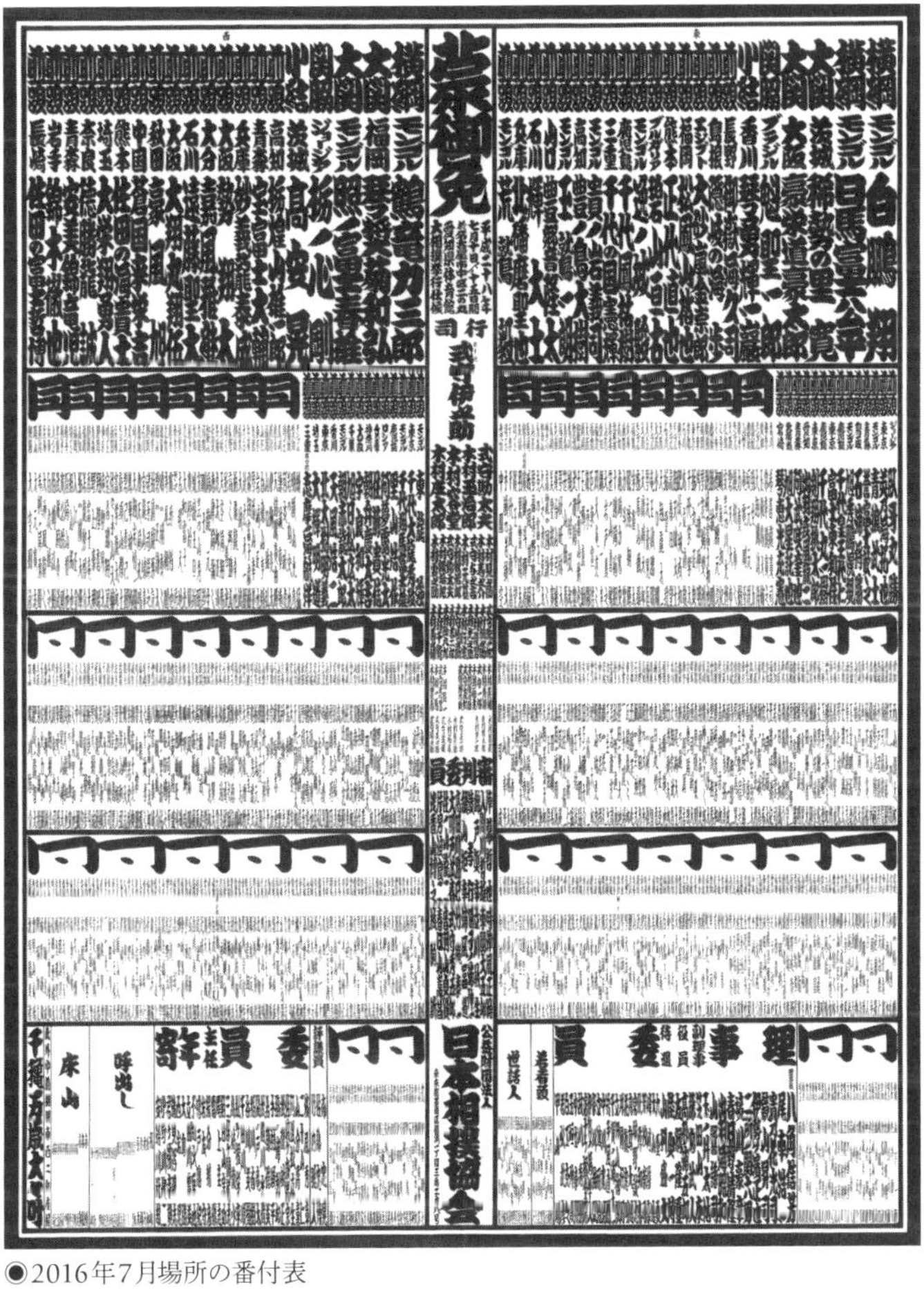

◉2016年7月場所の番付表

っています。

よくこんな小さく書けるものだと感心しますが、実際は縦一一〇センチ、横八〇センチのケント紙に書き、それを縦五八センチ、横四四センチに縮小印刷して配布するのです。もとのものを「元書き」といいます。

この作業は行司の仕事。相撲字という独特の字で書いていきます。これは字画のすき間をなるべくなくすように書く毛筆文字。会場が立錐《りっすい》の余地なく埋まるようにという縁起を担いだものといわれています。パソコンでつくってしまえば簡単だと思いますが、そこは伝統の世界。一つひとつ筆で書いていきます。現在は二月と六月の巡業がないときに、若手行司を対象に相撲字教習が行われています。

相撲博物館職員だった斎藤鉞郎《えつろう》の「相撲番付物語」によると、この相撲字が今の書体になったのは天保年間（一八三〇〜一八四四）。番付の文字を書いていたのが、番付の版元の三河屋治右衛門（年寄根岸家）で、そのため、相撲字のことを根岸流ともいいます（『大相撲こぼればなし』）。

番付を書く行司は、何日もかけて取り組みますが、間違えることもありました。

昭和三十年代から四十年代に活躍し、関脇まで進んだ海乃山《かいのやま》。改名したとき、本当は海力山にしたかったのですが、行司が番付を書く際に間違えて、海乃山としてしまったそうです。「海」の「山」ではなんのことかわかりませんが、面倒なので、海乃山で通しました。おおらかでいいですね。

これは間違いではありませんが、こんなこともありました。

日本人力士の場合、番付に出身県が記されますが、外国人の場合は国名です。ジョージア出身の栃ノ心と臥牙丸《ががまる》、以前は「グルジア」と書かれていました。日本は平成二十七年（二〇一五）四月二十一日までは正式な国名呼称を「グルジア」としていたからです。そしてその翌日から「ジョージア」に変更。同年五月場所の番付では栃ノ心と臥牙丸の出身国も「ジョージア」にしなければなりませんでした。ところが、番付表はもうできたあと。それで、番付表では「グルジア」なのに、場内アナウンスは「ジョージア」というまさに過渡的な状況がこの場所だけありました。次の場所の番付ではきちんと「ジョージア栃ノ心」「ジョージア臥牙丸」となりました。

紙の番付のほかに板番付もあります。大きさは縦横それぞれ一・九メートルで、本場所ごとに会場の入り口近くに掲げられます。国技館の場合は櫓の中ほどにあります。上の部分がちょっと変わっていて、「入」の字の形になっています。「入山形」といい、お客さんにいっぱい来てもらい、ぜひとも大入り満員にと願ったものです。

番付表は江戸時代の元禄年間にはすでに存在していて、その頃から定着していったようです。

ちなみに、江戸時代から、料理茶屋や名所旧跡などいろいろな番付がつくられてきましたが、これは、相撲の番付に模してつくってあり、現在も長者番付など、言葉としても相撲以外のところで使われています。

また、偽番付もありました。江戸時代最後の横綱、十二代横綱の陣幕《じんまく》久五郎《きゅうごろう》が引退後につくった番付が有名です。最高位の大関のところに明石志賀《あかししが》之助《のすけ》が、関脇に稲妻雷五郎《いなづまらいごろう》などが配されていて、これらの力士が活躍した時代が合わないため、偽物とされています。陣幕は明治になって「横綱力士碑」などをつくっていて、その費用のためといわれています。「横綱力士碑」は明治三十三年（一九〇〇）に富岡八幡宮につくられ、初代横綱が明石志賀之助となっています。ただ、この明石志賀之助はかわいそうな人で、実在したというはっきりした証拠がないため、架空の人物だという人もいます。『古今相撲大全』や『近世奇跡考』など江戸時代の文献に名前が出てくるのですが、専門家にはそれくらいでは証拠にならないようです。この志賀之助は栃木県の宇都宮の人とされていて、同市の蒲生《がもう》神社には「明石志賀之助の碑」があり、手形まであります。

この項目の最後に、元大関の大《おお》の里萬助《さとまんすけ》の一文を紹介しておきます。

「次場所の番附を決定して、密封の上金庫に貯藏し、適當の時期を待つて版元なる根岸家へ渡すと、根岸家では家人にさへ知らさないやうにと注意に注意を拂〔はら〕ひ、奥の土藏に籠つて中から嚴重に錠をおろしてから、二四日がゝりで清書をした上、出入の判屋に命じて彫刻させたものである。といつたからつて勿論判屋へその原稿を持つて行く譯〔わけ〕ではなく、判屋を同家に呼び寄せて土藏へ鑵〔かん〕づめにした上、根岸氏が嚴重な監督の下に彫らしたものであるし、印刷するにしても同様な方法で絶體〔ぜったい〕に他へ洩れないやうにしたものである。従つて現在でも殆んど似たやうなものので、〔中略〕依然として治右衛門氏が、人を避けて書くのだけは引き受けてゐるのである」（『相撲の話』）

これは番付表の作成のことと考えられますが、この文章が書かれた昭和七年（一九三二）の頃は、こういう形になっていたのでしょう。

巻——全力士の成績表

横綱から序ノ口まで全力士の名前を番付の順に相撲字で書いた紙が巻《まき》。これを書くのは行司の仕事です。

上が東方、下が西方になっています。その場所の勝ち負けを、担当の行司が毎日ここに記録し、日々の取組編成*に使います。長さは約九〇メートルにもなることもあります。たとえば○○山の取組が終わったとして、○○山が勝った場合、相手のしこ名の判を○○山の名前の下に押し、相手が勝った場合、相手のしこ名の判を○○山の名前の上に押していきます。

巻の最初のところには、大きく「鏡」と書かれています。「自分の心を映して不正・邪心がない。番付どおりに写してある」という意味です。そのため、

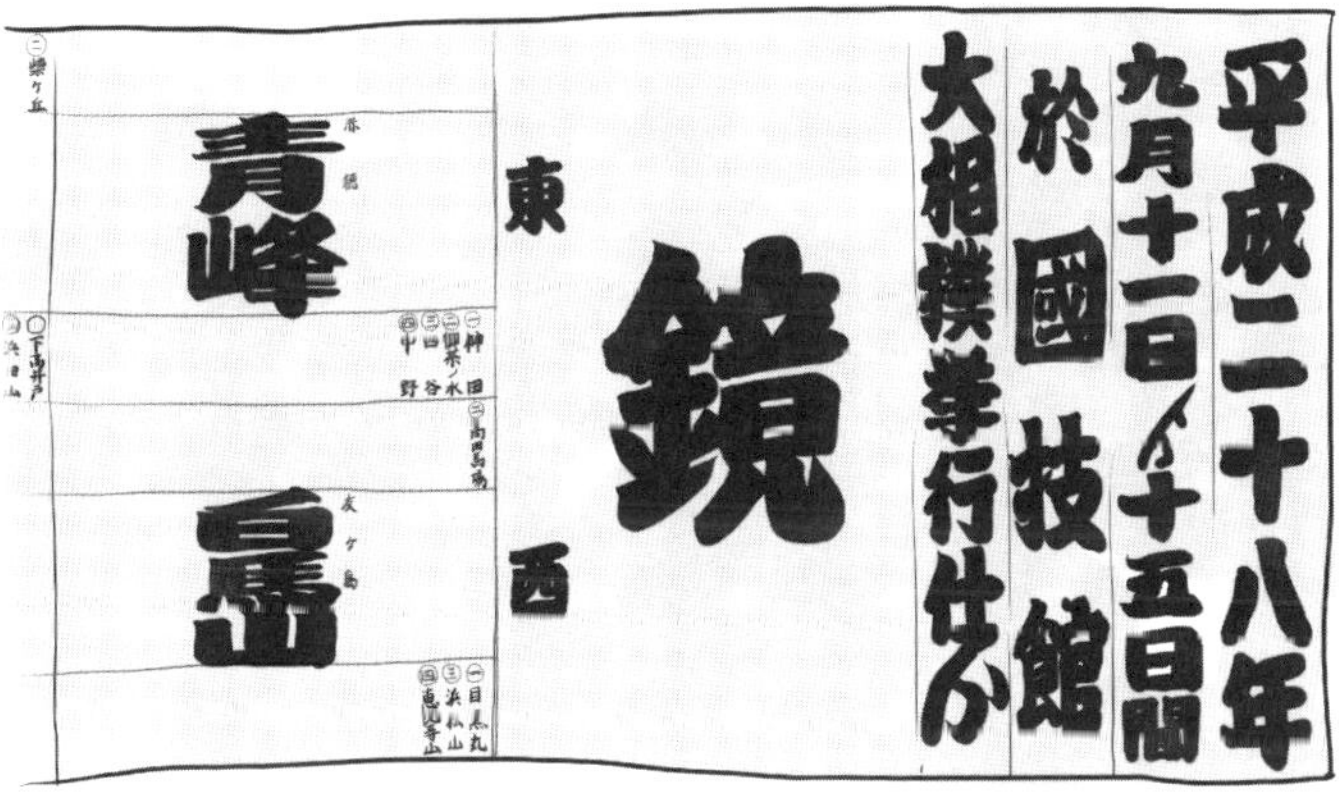

*力士の取組を作成すること。その会議を取組編成会議という。
本場所初日と2日目の取組は、初日の2日前に、3日目からは前日に編成。

巻を鏡ともいい、これに名前を書くことを「鏡を書く」ともいいます。

顔触れ——次の日の取組の予告

その日の相撲の進行状況によってやらないこともありますが、中入りの横綱の土俵入りが終わると、次の日の幕内の取組を立行司か三役行司が土俵上で紹介します。これを顔触れ言上といいます。このとき、観客に掲げる紙が顔触れです。縦四八センチ、横三三センチの紙に相撲字で対戦する二人の力士の名前が大きく書いてあり

ます。これを「○○山には△△谷」というように読み上げながら、一枚一枚、みんなに見せていきます。

千秋楽は、次の日がありませんから、顔触れ言上は行われません。

取組表――観客用で星取表も記載

相撲を見にきた人に配るもので、その日の取組が書かれています。序ノ口から結びの一番までの取組のほか、どの取組をどの行司、呼出が担当するかもわかります。また、幕内、十枚目などの力士の前日までの星取表と、どの取組に懸賞がつき、そのスポンサーはどういうところかも記されています。

観客はこの取組表を見ながら、相撲観戦を楽しむ。また、呼出はこれをコピーして、てもち（八〇頁参照）をつくっているのです。これとは別に関係者に幕内だけの取組表を配っていて、これを「小割」、ふつうの取組表を「大割」といっています。

弓・弦・矢——弓取式の始まり

その日の相撲興行の最後を締めるのが弓取式。力士が軽快に弦《つる》の張っていない弓を扱います。最後に四股を踏むと、会場から「ヨイショ」と声がかかり、終わると拍手。それが終わると、呼出の柝が入ります。

この間、弓を落としても手ではとれません。土俵の中だったら、足で跳ね上げてとり、土俵の外に落としたら、行司がとって、土俵に戻し、それを同じように足で跳ね上げてとって、続けます。

なぜ、足でとるか。本来は勝ち力士がやるのをその代理としてやっているから、負けを意味する土俵に手をつけることはしないということです。

この弓取式は一つのショーであり、特に意味はないようです。弓取式を行

うようになった経緯を見ると、寛政三年（一七九一）の上覧相撲で勝った谷風梶之助が弓をもらい、四方に振り回したことが始まり。その後、千秋楽には幕内力士は出場しなかったことから、格下の力士が弓を受けて行うようになったということのようで、「元來は、千秋樂の日に結びの角力の勝たる方へ弓を與〔あた〕ふれば、其の弓を得たる力士は、土俵の眞中へ出て、其の弓を三振り四振して引き込むだけの事」（『江戸時代の角力』）だったのです。そして、千秋楽だけに行っていたのを昭和二十七年（一九五二）一月場所から毎日行うようになりました。このような次第ですから、弓取式自体には、本来、深い意味などはないのです。もし、あるとしたら、後付けということになります。

　ところで、寛政の上覧相撲について記した成島峰雄の『相撲私記』には、谷風が弓を受けたところを「けふの闘にかなへりとて、弓をさづく」とあります。これは最後の一番で勝って大関（最高位）にふさわしいとして弓が与えられたということですが、その前の二番の記述を見ると、「小結の職にたへたりと賞して、扇をさづく」「関脇にかなへりとて、弦を陣まくにあたふ」とあります。小結、関脇にふさわしいので、それぞれ扇と弦が与えられたということです。本来、弓、弦とくれば、次は矢なのですが、扇はその代わり。

この故事にならって、今日では、本場所千秋楽の最後の三番で、これを役《やく》相撲《ずもう》といいますが、最初の役相撲に勝てば矢、その次の一番に勝てば弦、結びに勝ったら、弓が与えられます。その際、行司は「役相撲に叶《かの》う」と言います。大の里萬助は、『相撲の話』で、これらの矢や弦は後に「若干の金圓に替へる例になっている」と書いています。どのような形でお金にしたかは定かではありません。

投げ纏頭——昔の祝儀

贔屓としている力士が勝ったとき、土俵に自分の紋や屋号、名前などが入った羽織や煙草入れなどを投げ入れて祝儀とすることを投げ纏頭《はな》といいます。

明治四十二年（一九〇九）に旧両国国技館ができたときに禁止となりましたが、それまでは江戸、明治と続いた土俵風景でした。

前出の『江戸繁昌記』に「各々物を抛《なげう》ちて纏頭《はな》と為す。白家の衣着《きもの》、浄々《じょうじょう》投げ尽して甚し」とあります。江戸時代のことです。「浄々」はきれいさっぱり。

岡本綺堂が明治時代の相撲人気を書いていますが、投げ纏頭の様子をこう描写しています。

「勝負が決まったら大変。〔中略〕土俵を目がけて羽織を投げる、帽子を投げる、これが累々積んで山をなすこと更に珍しくない。これを弟子の小力士が拾い集めて、それぞれに元の主へ送り届け、その物品と引替えに相当の祝儀を貰う。それであるから、呼び物という取組に勝った力士が一日に数百金の祝儀を貰う例は往々ある」（『風俗江戸東京物語』）

投げ纏頭について、この綺堂の文で十分説明されています。

この投げ纏頭の原形のような逸話が『相撲今昔物語』にあります。「纏頭」

のことが書いてある『江戸繁昌記』の一〇〇年ほど前の享保年間（一七一六～一七三五）の勧進相撲でのことです。関脇の土蜘《つちぐも》と小結の八角の取組。土蜘が八角を引き担いだところ、行司の団之助が跳びかかって相撲を止めました。そして、「この相撲、無勝負」としました。

今は、同体*のとき、取り直しをして勝ち負けをはっきりさせますし、相撲協会の「審判規則」の「行司」に、「行司は、勝負の判定にあたっては、如何なる場合においても、東西いずれかに軍配を上げねばならない」（第四条）とあるように、行司は勝ち負けの判定をしなければなりませんが、幕末の頃まで、無勝負というのがありました。また、行司が勝敗を決めかねる場合を「軍配割れ」ともいいました。

さて、この判定を聞いて、土蜘方の力士が刀をひっさげて土俵に跳び上がり、「土蜘の勝ちじゃないか、何が無勝負だ」と団之助に詰め寄ったのです。対して団之助、「土蜘は八角を担ぐ前、ここで二度踏み外している。ちゃんと見ていた。私は行司だ。依怙贔屓は天に見られる恐れがある。だからそん

＊両力士が同時に倒れたり、土俵の外に出たりすること。

なことはしない。あなたたちの仕事は相撲。勝負の是非を論じるのは仕事じゃない」と毅然とはねのけ、これを見ていた観衆は、扇子を山のように投げたという話です。「いいぞ、よく言った」という気持ちでしょうね。

そして、寛政の頃には、投げ纒頭は庶民にとって観戦の楽しみの一つになっていました。寛政八年（一七九六）の小咄集、『喜美談語《きびだんご》』に、その様子が描かれています。

ある男が相撲見物に行きました。贔屓の力士が登場。「負けるな、負けるな」と応援。その甲斐あって、贔屓の力士が勝った。それでその男、「嬉しさこらへられず、羽織を投出し、まだなんぞやりたいから帯を解て、着物をぬぎに懸り、何か気が付て、べったりすわりながら、友達に『コレ下帯をかしてくれ』」という話です。

投げ纒頭として羽織を投げたのですが、うれしくてもっと思って、着物も投げようとした。ところが、帯を解いている途中、フンドシをしていないのに気付いたという落ちです。落語にも「蛙茶番《かわずちゃばん》」というフンドシを締め忘れた間抜けな男の話があり、同じようなちょっと下品な落ちですが、投げ纏頭が小咄の種になるくらい一般的だったということです。

この投げ纏頭が禁止され、番狂わせなどがあったときに座布団を投げる行為だけが残って今に至っています。やってはいけないことです。場内アナウンスでも投げないようにいつも言っているのに、あまり効果がない。呼出がせっせと回収しています。大変です。それに座布団がぶつかってケガをすることもあります。力士にもぶつかったりします。ものをぶつけられていい気持ちをする人はいません。投げ纏頭なら別ですが。

懸賞金——力士の励みに

相撲を見ていると、呼出に呼び上げられ、東西の力士が土俵に上がり、塵《ちり》浄水《ちょうず》*が終わると、呼出が企業の名前などが入った長方形の旗を掲げて土俵を一周する光景が見られます。あれを懸賞旗といい、この取組にうちが懸賞金

＊土俵に上がって蹲踞（そんきょ）の姿勢をとって、両手を下げたあと、もみ手をして、拍手。それから手のひらを上に向けて両腕を左右に開いて、肩の高さで手のひらを下に向けて返す。この一連の動作のこと。

を出すよという告知のようなものです。そして、勝った力士にその懸賞金が与えられます。

懸賞旗一本当たりの懸賞金の額は決まっています。一本六万二〇〇〇円（消費税八％の税込）。消費税が上がれば変わるかもしれません。一日一本以上、一場所一五本以上からとなっています。追加は一本から。つまり、最低一五本かける必要があり、一場所最低九三万円となります。六万二〇〇〇円の内訳は、五万六七〇〇円が勝った力士に、残りは手数料（取組表掲載料と場内放送料）です。もっとも、五万六七〇〇円すべてが力士に渡されるわけではありません。懸賞の袋に入っているのは三万円。残りは協会が預かり、年度末に税金を払って、あとは積み立てて、引退したときに返されます。それでも、一〇本あれば、とりあえず三〇万円が懐に入ります。

懸賞旗の大きさは、縦一二〇センチ、横七〇センチで、懸賞主が自分でつくって持ち込みます。

しかし、この懸賞、贔屓力士にかけても、その力士が負けてしまったら、相手の力士にとられてしまいます。だから絶対勝てよという気持ちも込められているのでしょう。

一方、相手の力士、昨日の取組には一本も懸賞がなかったのに、今日は一〇本もあったら、どう考えても、自分を応援するためではない。「くそー、ならやっつけてオレがもらっちゃおう」という気持ちになるでしょう。そして勝ったら、「しめしめ」です。

いずれにしても、懸賞金がかかれば、両力士に力が入ります。

めでたく勝ったら、行司が懸賞金を軍配にのせ、渡してくれます。力士は手刀《てがたな》を切って、*受け取ります。

平成二十六年（二〇一四）の九月場所、豊ノ島《とよのしま》、千代大龍《ちよたいりゅう》戦で、式守勘太夫が勝った豊ノ島に懸賞金を渡そうとしたとき、軍配からスルリと豊ノ島の

＊片方の手を軍配の前で左右に振る。

股の下に落下。あわてて拾い上げて、軍配にのせたということがありました。懸賞金は、いわば特別のご褒美。相撲節の時代には、織物や米が与えられました。織田信長も衣服や金銀飾りの太刀などを力士に与えています（『信長公記』）。そして、江戸に入り、投げ纏頭が定着し、昭和三十年（一九五五）から現在の懸賞金となりました。

相撲の錦絵——江戸の相撲を知る

江戸時代の相撲の土俵や仕度部屋はどうだったのか、力士や行司はどんなかっこうをしていたのかなどをよく伝えてくれているのが錦絵です。錦絵のおかげで、当時の力士もお腹がポッコリだったといったことがわかります。

たとえば、歌川国芳の「勧進大相撲土俵入之図」。嘉永二年（一八四九）十一月に回向院で行われた本場所の絵ですが、これを見ると、いろいろなことがわかります。回向院の相撲小屋の観客席は三階まであり、二階、三階は梯

勧進大相撲土俵入之圖
一勇齋國芳筆

◉「勧進大相撲土俵入之図」

子でのぼったことがわかります。梯子はのぼりおりする人のところまで、小屋の人が運んでいるようです。遠くには櫓も見え、行司の木村庄之助の衣装は裃です。四本柱には中改《なかあらため》が座っています。前述したように、今の審判委員で、江戸時代はこういいました。四本柱を背に座っていたので、通称「四本柱」。水引幕もどんなだったか、一目瞭然。力士の髪形や化粧廻しもわかります。どういうわけか、客席では客がケンカまでしている。おもしろい。

錦絵というのは、明和二年（一七六五）に鈴木晴信が始めた多色刷りの浮世絵版画で、江戸後期の浮世絵版画はほとんどこの錦絵です。そして相撲人気の高まりとともに、相撲を描いた錦絵が描かれるようになります。

相撲錦絵をたくさん描いたのは、勝川春章《かつかわしゅんしょう》とその門人たち。春章は葛飾北斎も師事した浮世絵師で、役者の似顔絵を得意としましたが、相撲絵も手がけました。その後、歌川派の絵師たちが力士の絵や相撲風俗を描き、今日まで残っています。それらの絵を眺めつつ、今の力士の活躍を見ると、あまり変わっていなくて、相撲は伝統が受け継がれているのだなと感じます。

●参考文献

『嬉遊笑覧』（喜多村筠亭、岩波書店）
『江戸時代の角力』（三木愛花〔貞一〕、近世日本文化史研究會）
「まわしの締め方」（公益財団法人日本相撲協会公式HP）
『しゃべるぞ！』（北尾光司、徳間書店）
「衣の系譜に関する研究」（古川智恵子・中田明美、『名古屋女子大学紀要31』）
『相撲道綜鑑』（彦山光三、国民体力協会）
『土俵の砂が知っている』（田子ノ浦忠雄、一水社）
『ハッケヨイ残った』（27代木村庄之助〔熊谷宗吉〕、東京新聞出版局）
『相撲私記』（成島峰雄、『古事類苑』〔神宮司庁蔵版〕所収、古事類苑刊行会）
『亮々草紙』（木下幸文、同）
『古今相撲大全』（木村政勝、同）
『大相撲評判記』（好花堂野亭、同）
『江戸服飾史』（金沢康隆、青蛙房）
『絵巻物に見る日本庶民生活誌』（宮本常一、中央公論社）
『相撲伝書』（木村守直撰、『燕石十種』所収、中央公論社）
『相撲今昔物語』（子明山人、『新燕石十種』所収、中央公論社）
『相撲之圖式』（稀書複製会編、米山堂）
『仮名世説』（大田南畝、『日本随筆大成』所収、吉川弘文館）
『近世奇跡考』（山東京伝、同）
『大相撲こぼればなし』（宮内実太郎ほか、文化出版局）
「境川浪右衛門使用の明荷について」（村田邦男、『相撲博物館紀要第3号』）
「特等床山・床寿談話抄」（『相撲博物館紀要第7号』）

『三田村鳶魚全集』（三田村鳶魚、中央公論社）
『力士雷電』（小島貞二、ベースボール・マガジン社）
『蕉門名家句集』（安井小洒編、『古典俳文学大系』所収、集英社）
『名古屋百人物評論』（手島益雄、日本電報通信社名古屋支局）
『円朝全集』（倉田喜弘ほか編、岩波書店）
『芥川竜之介随筆集』（石割透編、岩波書店）
『甲子夜話』（松浦静山、平凡社）
『大相撲と歩んだ行司人生51年』（木村庄之助〔33代〕・根間弘海、英宝社）
『軽口御前男』（米沢彦八、『元禄期軽口本集』所収、岩波書店）
『軽口独狂言』（『日本小咄集成』所収、筑摩書房）
『呼出秀男の相撲ばなし』（山木秀男、現代書館）
『江戸繁昌記』（寺門静軒、平凡社）
「一茶全集」（信濃教育会編、信濃毎日新聞社）
『最近相撲圖解』（出羽海谷右衛門述、岡崎屋書店）
『風俗江戸東京物語』（岡本綺堂、河出書房新社）
『相撲を見る眼』（尾崎士郎、ベースボール・マガジン社）
『相撲の話』（大の里萬助、誠文堂）
『喜美談語』（『江戸小咄集』所収、平凡社）
『現代語訳 信長公記』（中川太古訳、KADOKAWA）
『大相撲ものしり帖』（池田雅雄、ベースボール・マガジン社）
『大相撲知れば知れるほど』（「相撲」編集部、ベースボール・マガジン社）
『相撲歳時記』（北出清五郎・水野尚文編、TBSブリタニカ）
『相撲大事典』（公益財団法人日本相撲協会監修、金指基原著、現代書館）

おわりに

元横綱千代《ちよ》の富士《ふじ》の九重《ここのえ》親方が七月に亡くなりました。昭和五十六年（一九八一）一月場所、当時関脇だった、精悍《せいかん》な千代の富士が優勝決定戦で重戦車のような横綱北《きた》の湖《うみ》を破り、大関昇進を決めた瞬間の興奮は、今も忘れません。

ウルフといわれた千代の富士、不沈艦といわれた北の湖。力士はそれぞれ個性があり、その個性のぶつかり合いが取組です。そして、その取組の前後に、力士は独特の所作をします。この動きにも個性があり、それも大相撲観戦の楽しみですが、熱心な大相撲ファンは別として、見ている人の多くは、「歴史的な意味、伝統があるんだろうな」くらいは思って見ていても、その所作にどんな意

味があるのかわからないでしょう。行司や呼出の仕事の仕方に対しても同様です。それでも、みなさんおもしろく観戦しています。

本書に取り上げた道具も同じです。その意味など知らなくても、大相撲は十分楽しめます。しかし、その道具が使われている理由、道具がらみの逸話などを知っていると、観戦の楽しみが少しは増すのではないでしょうか。あるいは、大相撲により興味を持つようになるのではないでしょうか。本書がそんな形でみなさんのお役に立てばと思っています。

この本を書くにあたって、現代書館・社長の菊地泰博さん、大相撲史家の小池謙一さん、編集部の山本久美子さんに大変お世話になりました。また、綾森けむりさんが、すばらしいイラストを描いてくれました。ありがとうございました。

二〇一六年八月

坂本俊夫

［著者プロフィル］
坂本俊夫（さかもと・としお）
昭和29年（1954）、栃木県宇都宮市生まれ。早稲田大学大学院文学研究科修士課程修了。
フリーライター。子どもの頃からの大相撲ファン。
著書に『シリーズ藩物語　宇都宮藩・高徳藩』、
共著に『東の太陽、西の新月――日本・トルコ友好秘話「エルトゥールル号」事件』、
『明治の快男児 トルコへ跳ぶ――山田寅次郎伝』（いずれも現代書館）などがある。

大《おお》相撲《ずもう》の道《どう》具《ぐ》ばなし

2016年9月11日　第1版第1刷発行

著者　坂本俊夫
発行者　菊地泰博
発行所　株式会社現代書館
〒102-0072 東京都千代田区飯田橋3-2-5
電話 03-3221-1321　FAX 03-3262-5906　振替 00120-3-83725
http://www.gendaishokan.co.jp/
印刷所　平河工業社（本文）　東光印刷所（カバー・表紙・帯・扉）
製本所　積信堂
イラスト　綾森けむり
ブックデザイン　伊藤滋章

校正協力：栢森 綾

ISBN978-4-7684-5791-7

活字で利用できない方のための
テキストデータ請求券
『大相撲の道具ばなし』